Jürgen und Petra Lorenz

Das große Buch vom Fische räuchern

Räuchern • Grillen • Feuerküche

KOSMOS

Inhalt

Zu unserem Buch	4
Bevor es richtig losgeht	6

Räuchern –
ein Genuss für alle Sinne 6
Heiß oder kalt 7
Von Kompaktgerät bis
Räucherschrank 8
Einräuchern
und Eintesten 10
Räuchern im Schatten 11

Die Vorbereitung der Fische 12

Der Frischetest 12
Im Kälteschlaf 13
Fachgerecht Schlachten 14
Fische ausnehmen 15
Fischhälften schneiden 16
Fische filetieren 16
Fisch-Schnitten 18
„Klappfisch" 18
Heringe
schnell geschlachtet 19
Entschuppen –
ja oder nein? 20
Wichtig für das Aroma:
Salzen 22
Salzen in Lake 22
Trockensalzung 24
Pikant, pikant 26
Rogen für Kenner 27
Geflügel, Eier
und Fleisch 28

Ab in den Ofen – an Haken, Spieß & Co. 29

Einbringung
des Räucherguts 29
Doch zuerst: Trocknen! 30
Aufgespießt 30
Mit der Schnur 33
Mit der Spießrute 33
Am Haken 34
Auf dem Gitter 35
Ab ins Körbchen 35

Holz, der Aromaspender 36

Holz auf Vorrat 36
Richtig lagern 37
Holzkohle 38
Wacholder-Kick 38
Ungeeignete Holzarten 39
Art, Struktur und
Wirkung des Holzes 40

Heißräuchern – die Grundmethode 42

Garen und Färben – gleichzeitig oder nacheinander 42
Das A und O:
Die Temperaturkontrolle 43
Garzeit 44
Rauchphase 45
Garprobe 46
Abkühlen 46

Kalträuchern – die Grundmethode 47

Was heißt „kalt räuchern"? 47
Räuchermittel
für das Kalträuchern 49
So raucht es richtig 50
Das Vorbereiten des
Räucherguts 55
So wird das Räuchergut
eingebracht 56
Genussprobe 58
Fleisch und Wurst
im kalten Rauch 59

Einfache Einrichtungen zum Kalträuchern 62

Improvisation ist alles	62
Räuchern mit der Plane	62
Mit Raucherzeuger und Kühlrohr	67
Teleofen auf Feuerkammer	69
Der Folienofen	70

Räucheröfen – vom kleinen Kasten bis zum großen Schrank 82

Kompakte Kästen – klein und schnell	82
„Smokyletten" vom Brassen – lecker aus dem Kompaktgerät	84
Räuchern im Entsafter	88
Gold vom Kuppelgrill	90
Teleskopofen für Aale & Co.	92
Räuchern in der Tonne	94
Zwischen Tür und Angel – Räuchern im Schrank	98
Bastlers Räucherschrank	102

Unsere Räucher-Grill-Küche 108

Wenn das Wasser im Mund zusammenläuft...	108
Senkrecht oder waagerecht – heiß oder kalt	110
Flach gelegt: Die Feuerküche	110
Isolierung	111
Flammensperre	111
Ein echtes Multitalent	112

Grillgenüsse im Schein des Feuers 114

Zurück zur Natur	114
Sicherheit geht vor	114
Grundausstattung für Lagerfeuerköche	117
Unsere kleine Reiseküche	118
Fisch vom Grillfeuer	120
Der Klassiker: Steckerlfisch	124
Fleisch und Wurst lecker gegrillt	126

Gaumenfreuden aus der Feuerküche 128

Braten mit der Gitterpfanne	128
Braten mit der Stockpfanne	130
Die „Räubradügriga" oder Multigabel	133
Leckeres aus dem Knüppelbeutel	135
Brutzeln mit dem Feuerstock	139
Aus heißer Asche	140
Die Biwak-Küche	141
Kleine Brutzelküche	145
Der Dutch-Oven	146
Der Kleinkocher	146

Es ist serviert – unsere liebsten Rezepte 147

Leckeres aus Räucherfisch	147
Bunte Fischpfanne	150
Fischfrikadellen	151
Fischsuppe Piroschka	152
Aus der kalten Küche	152

Service

Zum Weiterlesen	162
Register	167
Impressum	171

Zu unserem Buch

So fing alles an

Nach den ersten spannenden Angelerlebnissen und Räucherversuchen in Kindertagen zog ich, vom Reiz der Natur fasziniert, mit den Freunden durch Wald und Flur. Übernachtet wurde dabei auch im Heuschober am Waldesrand. Die „Katzenwäsche" erfolgte mit einem gewissen Schaudern im kalten Bach, der uns mit seinen Fischen und Krebsen gleichzeitig als Speisekammer diente. Auch wenn uns einmal eine Wasserratte in den Finger biss, ließen wir uns nicht davon abhalten, weiter mit den Händen unter unterspülten Ufern, Steinen und Baumwurzeln nach den unseren oft dürftigen Proviant ergänzenden Leckereien zu tasten. Mit gesammelten Pilzen und in der Glut des Lagerfeuers gegarten Kartoffeln mundete die bescheidene Beute vorzüglich. Zeigte sich die Natur großzügig, bildeten verschiedene Beeren, Haselnüsse und Bucheckern einen leckeren Nachtisch. Auch vom Sauerampfer, jungem Löwenzahn sowie von den Hagebuttenschalen wilder Rosen wurde gern genascht.

Später zog uns auch die Ostsee in ihren Bann. Wenn wir dann in der Nacht mit den beim Schnorcheln oder Angeln erbeuteten Muscheln, Aalen, Plattfischen oder Dorschen zu unserem kleinen, am Deich aufgestellten Zelt zurückkehrten, war für uns die Welt in der Einsamkeit mehr als in Ordnung. Zumal das Meer vor mehr als 40 Jahren noch mit einer vergleichsweise vielfältigen Flora und Fauna gesegnet war, und das Zelten an unseren Stellen keinerlei Problem darstellte.

Später bereiste ich dann mit meiner besseren Hälfte Petra die Küstenbereiche vieler Länder vom Polarkreis bis in die Karibik, um mit Angelrute und ggf. Schnorchelausrüstung die Meere zu erkunden. Dabei bereiteten wir viele Fische mit unserem einfachen Biwak-Grill am Lagerfeuer zu rustikalen Delikatessen. Inzwischen genieße ich die Natur im Rahmen der jetzigen Bestimmungen zusammen mit Ehefrau, Kindern und Enkelkindern. Dabei bleiben die vielen kleinen Abenteuer von früher jedoch unvergessen. Selbst die damit verbundenen Pannen und Patzer bieten heute noch Stoff zum Schmunzeln.

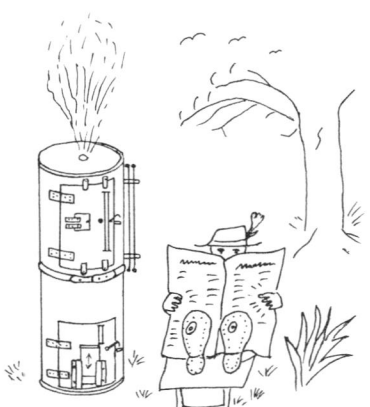

In Ruhe auf den Genuss freuen...

Räuchern, Grillen, Feuerküche

Das Buch möchte Leser ansprechen, die ebenfalls Spaß daran haben oder finden möchten, sich unter freiem Himmel mit dem Heiß- und Kalträuchern, dem Brutzeln, Grillen, Kochen auch am Lagerfeuer sowie dem Beizen und Marinieren in der „kalten Küche" zu befassen.

▶ **Jede Menge Geräte und Methoden**

Wir stellen neben den im Fachhandel angebotenen Geräten und Materialien auch Geräte vor, die aus ausrangierten Utensilien mit nur einfachen Heimwerkerkenntnissen gefertigt sind. Oft haben wir das Material auch vom Schrottplatz, aus dem Baumarkt oder aus der Natur beschafft. Es würde uns freuen, wenn wir neben dem eher bequemen Genießer auch den „Sparfuchs" den „Bastler" und „Improvisator" mit einigen Tipps und Tricks erreichen könnten.

Da wir auch gern für eine private Runde z. B. einen kapitalen Hecht im Ganzen, Brote, Kuchen und Pizza sowie Gänse-, Enten- , Lamm- oder Frischlingsbraten im Freien bereiten, stand auch das Basteln eines Kombinationsgerätes, welches selbst ergänzt oder repariert werden kann, auf unserem Plan.

▶ **Spaß und Gaumenfreuden**

Wir möchten Ihnen neben den gängigen Methoden auch einfache Geräte, Tipps und Zubereitungsarten zeigen, deren rustikale Note im Garten, beim Biwak oder Camping zünftige Gaumenfreuden bescheren können. So werden z. B. vergoldete Leckereien aus würzigem Rauch, einfach gebrutzelte Fischfrikadellen, Kesselsuppe und Steckerlfisch ebenso vorgestellt wie Hering nach Matjesart, Rollmöpse oder Kaviar aus Forellenrogen. Auch das Kalträuchern unter Verwendung eines ausrangierten Angelschirms oder einer Stehleiter ist möglich.

Auch Zutaten aus der Natur kann man mit improvisierten Gerätschaften köstlich verwandeln. Neben einfachen Happen vom Feuerstock locken u. a. gebratener Fisch aus der Sockpfanne, Eier, Bratäpfel, Kräutersud oder Kaffee aus dem Knüppelbeutel. Der Bogen der Zubereitungsarten ist weit gespannt. Dabei verknüpfen wir Erfahrungen aus unseren Hobbys Angeln, Reisen, Camping, Kochen, Räuchern und Basteln oft miteinander.

Räuchern – ein Hobby, das uns zu jeder Jahreszeit begeistert und für abwechslungsreiche Gaumenfreuden sorgt.

Dank

Meinen Weggefährten aus früheren „Waldläuferzeiten", möchte ich für die in Kameradschaft verbrachten Tage beim Erleben der kleinen Abenteuer in der Natur herzlich danken. Wir danken gemeinsam, neben anderen Bekannten und Nachbarn, besonders Gerda und Schorsch Richter sowie Renate und Dieter Klatt für ihre interessanten Meinungen beim gemeinsamen Verkosten.

Unseren Enkelkindern Vivien und Jana wünschen wir weiterhin viel Freude und Spannung beim wachen Erleben der Natur sowohl im „Glühwürmchenwald" als auch am Lagerfeuer.

Bevor es richtig losgeht

▸ Räuchern – ein Genuss für alle Sinne 6
▸ Heiß oder kalt 7
▸ Von Kompaktgerät bis Räucherschrank 8
▸ Einräuchern und Eintesten 10
▸ Räuchern im Schatten 11

Räuchern – ein Genuss für alle Sinne

Aufsteigender, wohl duftender Holzrauch umfächert die silberne Beute des Anglers im Räucherofen und aromatisiert die vorbereiteten Fische zu leckeren Delikatessen mit appetitlicher Goldfärbung. Voller Vorfreude auf das Ergebnis sitzt der Räucherfreund entspannt in der Nähe, liest oder lauscht einfach dem Gesang der Vögel. Dabei kommen ihm neben den vielen geglückten Versuchen auch die Missgeschicke in Erinnerung, aus deren Erkenntnissen sich die heutige Gelassenheit ergibt. Besonders den Satz „Mal eben schnell räuchern" haben wir bald völlig gemieden, da sich daraus so mancher Fehler ergab. Dem Begriff Hobby entsprechend, wird die Sache heute nur noch bei ausreichendem Zeitrahmen ganz in Ruhe und mit Passion begonnen.

Früh übt sich...

▸ **Nicht nur Fisch...**
Dabei kommen neben den Flossenträgern aus dem eigenen Fang auch frische gekaufte Fische, hart gekochte Eier, Teile von Geflügel und Schwein sowie verschiedene Wurst- und Specksorten aus dem Handel in den Hausrauch. Große Stücke wie z. B. ganze Schinken haben wir nicht mehr auf unserem Räucherplan. Vielmehr liegt unser Ziel bei Wurst und Speck darin, durch das Nachräuchern möglichst nah an das uns von früher bekannte herz-

haft-würzige Raucharoma heranzukommen und spezielle Geschmackswünsche zu realisieren. Erinnern wir uns an ein duftendes Wurstbrot aus Kindertagen und vergleichen dies mit den heute meist üblichen im Supermarkt gebotenen Aroma, werden die Verlockungen des eigenen Rauches rasch deutlich.

Heiß oder Kalt

Beim Räuchern kommen mit dem Heiß- oder Kalträuchern zwei verschiedene Grundmethoden zur Anwendung.

- **Heißräuchern**

Beim Heißräuchern wird das entsprechend vorbereitete, gesalzene und ggf. zusätzlich gewürzte Räuchergut durch geregelte Hitzeeinwirkung gegart, durch die Raucheinwirkung bis zu maximal vier Stunden aromatisiert und im Zusammenwirken mit der Würzsalzung in der Haltbarkeit verlängert. Heißräuchern kann man bei uns das ganze Jahr hindurch. Diese geräucherten Produkte sind, abhängig von den Lagerbedingungen, wenige Tage haltbar.

Heißräuchern in der Tonne: Mit nur wenig Zubehör und geringem Aufwand gelingen leckere „Goldstücke".

- **Kalträuchern**

Beim Kalträuchern wird eine Art Kaltgarung durch eine fermentierende Einwirkung von Salz und Zucker noch vor Einbringung der Stücke in die Rauchkammer erreicht. Die dann folgende Räucherphase bringt den möglichst kühlen Rauch zur Aromatisierung und Erhöhung der Haltbarkeit über viele Stunden oder meist mehrere Tage und Wochen relativ sanft an das Räuchergut. Diese Art des Räucherns findet im Regelfall während der kühleren Jahreszeit Anwendung. Bei kühler (bis ca. 12 °C) und luftiger Lagerung im Räucherschrank ist Kaltgeräuchertes vom Schwein bei zunehmender Festigung mehrere Monate haltbar. Auch Fisch hält sich längere Zeit, trocknet jedoch abhängig vom Fettgehalt bereits nach einigen Tagen deutlich aus.

So vielfältig kann Geräuchertes sein.

Von Kompaktgerät bis Räucherschrank

Besonders für das Heißräuchern gibt es ein breites Spektrum bei der Geräteauswahl. Neben den im Handel erhältlichen kleineren Kompaktgeräten für die schnell bereitete Räuchermahlzeit werden u.a. auch kombinierte Räucher-Grill-Geräte in unterschiedlichen Größen angeboten. Zudem sind mittelgroße, noch mobil einsetzbare runde oder rechteckige Teleskopöfen gebräuchlich, die sich aufgrund ihrer Höhe auch zum recht einfachen Räuchern von Aalen und Hornhechten eignen. Während das Räuchergut bei den Teleskopöfen von oben an einem Einhängekreuz eingebracht wird, bieten Räucherschränke die Möglichkeit der Frontbeschickung durch eine Tür. Je nach Modell kann das Räuchergut hier sehr übersichtlich und einfach an Haken, Spießen oder Schnüren eingehängt oder in Körben bzw. auf Gittern abgelegt werden. Auch bei Zwischenkontrollen und bei der Reinigung haben Modelle mit Tür angenehme Vorteile. Je nach Kapazitätswunsch bietet der Fachhandel hier zahlreiche Modelle unterschiedlicher Größe an, von denen einige sowohl zum Heiß- als auch zum Kalträuchern geeignet sind.

Sie können auch zwischen Schränken ohne oder mit Isolierung wählen. Neben der Befeuerung mit Holz und/oder Holzkohle sind auch Geräte mit Elektro- oder Gasbetrieb erhältlich. Einige Hersteller bieten für Ihre Modelle Zubehörteile zum Nachrüsten für den Gas- oder Strombetrieb an. Weiterhin sind Geräte auf dem Markt, die u.a. durch Aufsetzen eines Zusatzteils und der dadurch gewonnenen Höhe auch besonders gut zum Kalträuchern geeignet sind.

Viele Firmen bieten ein Sortiment an unterschiedlichen Materialien an. Dabei sind Geräte aus verzinktem Stahlblech im Vergleich zu den hochwertigen, aus besonders behandeltem Blech oder aus Edelstahl gefertigten Modellen, oft deutlich preiswerter. Wenn finanziell machbar, empfehlen wir wegen der langen Lebensdauer und der einfachen Pflege Öfen aus Edelstahl.

▸ Improvisationstalent: selbst konstruierte Geräte

Bei den selbst konstruierten Geräten sind die Möglichkeiten der Improvisation vom einfachen Kochtopf, über die simple Tonne bis zum ausgetüftelten Räucherhäuschen breit gefächert.

So haben wir z. B. in den letzten Jahren neben einem speziellen Räucherschrank zum Heiß- und Kalträuchern auch ein Kombinationsgerät gefertigt, in das alle unsere Wünsche aus den Bereichen Heiß- und Kalträuchern, Grillen, Backen, Schmoren, Dünsten, Kochen und Braten im Freien eingeflossen sind.

▸ **Ganz nach Ihren Wünschen**

Die richtige Wahl eines Gerätes wird natürlich von den eigenen Wünschen hinsichtlich der gewünschten Kapazität, den örtlichen Gegebenheiten, dem Qualitätsanspruch, dem Geldbeutel und vom Maß der Freude am Basteln und Tüfteln bestimmt. Wer selbst noch keine Kenntnisse beim Räuchern gesammelt hat, sollte im Bekanntenkreis einmal einem erfahrenen „Spezi" über die Schulter sehen. „Alte Hasen" haben meist die besten Tipps auf Lager.

Auch wenn es beim Hobby-Räuchern einige grundsätzliche Regeln gibt, haben wir bei zahlreichen Gesprächen festgestellt, dass die vielen persönlichen Neigungen nicht selten zu interessanten unterschiedlichen Betrachtungen vorwiegend im Bastel- und Feinbereich führen. Dabei zeigt auch jeder Gerätetyp ein eigenes Funktionsbild, das mit einer speziellen Wirkungsweise besonders hinsichtlich der Zug- und Temperaturentwicklung verbunden ist.

Den Fang gleich an Ort und Stelle zu räuchern ist ein ganz besonderes Vergnügen. Manchmal ist dafür allerdings ein bisschen Improvisationstalent nötig.

Einräuchern und Eintesten

Ein wichtiger Grundstein zum Erfolg ist immer die Erprobung des eigenen Gerätes. Zunächst einmal sollte das Gerät ohne Räuchergut eingeräuchert werden, um evtl. vorhandene Schutzfette zu entfernen. Dann können Sie beginnen, das Gerät mit wenigen Fischen, z.B. ein bis zwei Heringen (unausgenommen) oder einer Forelle in Portionsgröße, zu testen. Dabei lassen sich Forellen relativ einfach vergolden. Heringe zählen aufgrund ihres hohen Fettgehaltes und weichen Fleisches für den Einsteiger zu den Problemfischen, da sie besonders leicht z.B. durch Überhitzung abfallen oder aufplatzen können.

▸ Der erste Testlauf

Wir starten solche Versuche gern mit einer eher geringen Menge an Holz oder Holzkohle und notieren diese zusammen mit dem sich entwickelnden Temperaturverlauf im Ofen und der Wirkung auf das Räuchergut. Außerdem wird die Außentemperatur vermerkt. Reicht die Temperatur nicht aus, lässt sich mit dieser Methode leicht noch etwas

Die Fische sind im Ofen abgekühlt und kommen nun zum Abendessen auf den Tisch.

Material nachlegen, ohne dass eine Überhitzung eintritt. Wählt man dagegen eine zu hohe Startmenge an Heizstoffen, entwickelt sich nach relativ kurzer Zeit so viel Hitze, dass es schwierig ist, diese im Zaum zu halten. So lassen sich Fehler und Möglichkeiten leicht erkennen und bei späteren Versuchen berücksichtigen.

Lässt der Ofentyp es zu, kann man zum Eintesten z. B. auch das Holz in der Feuerlade bis auf eine geschätzte angemessene Glutmenge mit nur noch leichter Flammenbildung herunterbrennen lassen, dann die gut getrockneten Fische einhängen, den Garungsverlauf beobachten und, wenn erforderlich, dosiert etwas Heizmaterial sowie leicht angefeuchtete Späne um die Glut herum nachlegen. Sollte die Hitze trotzdem zu stark werden, bedecken Sie einfach eine größere Glutfläche mit den Spänen und schließen die untere Luftzufuhr. Erst dann führen Sie ggf. die überschüssige Hitze durch Öffnen der Tür oder Abdeckung ab. Eine mit Wasser gefüllte Sprühflasche griffbereit platziert, hilft im Notfall, ungewollte Aufflammungen abzudämmen. Steht ein solches Hilfsmittel nicht zur Verfügung, können die Flammen auch mit in Wasser getauchten belaubten Zweigen gelöscht werden.

Räuchern im Schatten

Nicht nur wenn die Neuanschaffung eines schweren Standgerätes geplant ist oder die Einrichtung einer Räucherecke ansteht, können folgende Gesichtspunkte den Räucherablauf optimieren:

Beim Heißräuchern an warmen sonnigen Tagen ist es sinnvoll, den Räucherofen im Schatten zu betreiben. Besonders bei Öfen mit dunkler Außenwand kann die Sonne die Innentemperatur sehr schnell zusätzlich aufheizen, so dass es bereits während der Garphase leicht zu Überhitzungen kommen kann. Dies führt nicht selten zum Aufplatzen der Haut oder zum Abfallen der Fische. Besonders tückisch ist die Lage, wenn man die Temperatur während einer Schattenphase auf den richtigen Hitzewert eingesteuert hat und dann plötzlich die kräftige Sonne auf das Gerät scheint. Hat man sich vom Ofen entfernt, weil ja alles geregelt war, können sich schnell „Räucherpannen" einschleichen. Daher ist es für den Einsteiger wichtig, den Ofen nicht zu verlassen, um bei Bedarf durch Abdämmen oder Herausnehmen der Feuerlade die Hitze rasch zu reduzieren. Dagegen kann es bei kleineren, leicht umsetzbaren Geräten günstig sein, diese bei zu geringer Gluthitze in die Sonne zu stellen. So lässt sich oft das ungünstige Nachschüren vermeiden.

Für das Kalträuchern im Freien ist ein Standort im Dauerschatten ebenfalls sehr günstig, da man zum Beispiel noch im Frühjahr bei bereits ansteigender Sonnenwärme die Temperatur im Ofen bei maßvoll glimmenden Spänen leichter im günstigen Bereich bis 25 °C halten kann. Dies bringt auch dann Vorteile, wenn das Räuchergut für einige Tage im Ofen aufbewahrt wird.

Anglers Barschbeute – gar und goldig.

Die Vorbereitung der Fische

- Der Frischetest 12
- Im Kälteschlaf 13
- Fachgerecht Schlachten 14
- Fische ausnehmen 15
- Fischhälften schneiden 16
- Fische filetieren 16
- Fisch-Schnitten 18
- „Klappfisch" 18
- Heringe schnell geschlachtet 19
- Entschuppen – ja oder nein? 20
- Wichtig für das Aroma: Salzen 22
- Salzen in Lake 22
- Trockensalzung 24
- Pikant, pikant 26
- Rogen für Kenner 27
- Geflügel, Eier und Fleisch 28

Der Frischetest

Nicht nur Fischers Fritzes frische Fische erkennt man daran, dass die Kiemen eine rötliche und nicht etwa eine ins Bräunliche übergehende Farbe zeigen. Die äußeren Kiemendeckel sind z. B. beim frischen Hering rein Silber und nicht rötlich oder gelblich. Die Augen sollen klar und nicht eingesunken sein. Bei Fingerdruck bleiben in frischem Fischfleisch keine Dellen zurück. Die Bauchgräten liegen fest im Fleisch und ragen nicht hervor. Außerdem soll der Flossenträger einen frischen, seiner Art entsprechenden Duft abgeben. Ein allgemein fischiger Geruch weist auf Qualitätsverlust hin. Mit der Zeit wird die farbfrische Haut zunehmend grau und stumpf und das Fleisch verliert je nach Temperatur rasch an Festigkeit. Absolute Frische ist also nicht nur dann wichtig, wenn die Fische sofort verzehrt werden sollen, sondern auch, wenn sie für das Räuchern bestimmt sind.

▸ Nematoden

Meeresfische tragen mitunter Nematoden (Fadenwürmer) in sich, wobei die Bauchhöhlen mit den Eingeweiden oft besonders befallen sind. Nehmen Sie deshalb die Flossenträger unmittelbar nach dem Fang gründlich aus und spülen Sie sie so, dass das Wasser rasch ablaufen kann. Gegebenenfalls entfernen Sie auch die Bauchlappen.

Erkennt man bereits beim Ausnehmen die kleinen, meist weiß-gelben, ca. 1–2 cm langen Würmer, ist der Befall anderer Fleischzonen möglich. Ob Nematoden z. B. in das Rückenfleisch eingedrungen sind, ist oft nach dem Filetieren erkennbar, wenn die Filets gegen eine Lichtquelle gehalten werden. Hier zeigen sich dann meist schneckenförmig eingerollte Exemplare. Befallene Fleischzonen müssen entfernt werden. Beim richtigen Durchgaren oder beim Einfrieren (Kerntemperatur mindestens −18 °C für 24 Stunden) werden evtl. übersehene Nematoden abgetötet.

Im Kälteschlaf

Zum Räuchern vorgesehene Fische können, wenn nicht vermeidbar, eingefroren werden. Besonders fettarme Arten geraten durch den Fleischsaftverlust beim Auftauen und durch das Räuchern aber spürbar trockener als frische Exemplare.

Fisch sollte in möglichst frischem Zustand und sorgfältig gereinigt (wenn möglich auch die Kiemen entfernen) in luftdichter Verpackung bei großer Kältestufe schockgefrostet werden. Die Packungen mit Datum und Fischart kennzeichnen. Filets möglichst rechteckig verpacken, das spart Platz im Froster.

Da sich die Fleischqualität nach einigen Monaten im Kälteschlaf deutlich verringert, sollten besonders fettreiche Arten wie z. B. Makrele und Hering möglichst schnell verbraucht werden. Sind bei der Reinigung Blut- oder auch Nierenreste übersehen worden, nimmt das gefrorene Fleisch besonders rasch einen tranigen Geruch an. Zum Auftauen die Fische aus dem Gefrierbeutel nehmen und so an kühler Stelle ablegen, dass die Nässe abtropfen kann. Anschließend gründlich kalt spülen.

Selbst gefangener Fisch direkt am Fangplatz geräuchert – frischer geht es nicht (hier eine Fleckmakrele).

▸ Geräucherten Fisch einfrieren

Wir frieren geräucherte Fische nur ein, wenn dies gar nicht vermeidbar ist und die Stücke vor dem Räuchern noch nicht eingefroren waren. Filets von kalt geräucherten Exemplaren (z. B. Lachs oder Makrele) zeigen nach dem Auftauen noch einen verhältnismäßig guten Geschmack. Mit zunehmender Lagerdauer mindert sich aber das Aroma, wobei fettreiche Arten tranig werden können. Außerdem werden auch beim Auftauen Säfte entzogen, sodass das Fleisch bei fettarmen Arten noch fester und trockener gerät. Für die Weiterverarbeitung in der Küche z. B. für Pizza, Fischfarce oder Klöße ist dies jedoch weniger relevant. Den geräucherten Fisch wie oben beschrieben auftauen. Exemplare, die nicht weiterverarbeitet werden, erst langsam auf Zimmertemperatur bringen und dann servieren.

Fachgerecht Schlachten

Schon das gründliche Ausbluten der Fische nach dem Betäuben und der sofort anschließend gesetzte Herzstich bilden einen wichtigen Grundstein für ein appetitliches Räuchergut von guter Haltbarkeit. Da Fisch ein leicht verderbliches Lebensmittel ist, muss vom Fang bis zum Verzehr auf größte Sauberkeit geachtet werden. Dabei ist es u.a. sehr wichtig, dass das Spülwasser Trinkwasserqualität hat.

Bevor mit dem Ausnehmen begonnen wird, sollten Sie z.B. bei Heringen und Makrelen überlegen, in welcher Form bzw. Art die Fische geräuchert werden sollen. Möchte man z.B. aufgeklappte Fleckmakrelen bereiten, wird der Öffnungsschnitt nicht wie sonst üblich im Bauchbereich, sondern durch Auftrennen des Rückenfleisches entlang der Hauptgräte gesetzt. Bei Heringen, die zu teilweise ausgenommenen Bücklingen weiterverarbeitet werden, ist statt des langen Bauchschnittes lediglich ein kleiner Kehlschnitt zu setzen. Auf diese besonderen Arten der Öffnung wird noch genauer eingegangen (S. 19). Für die sonst übliche Zubereitung von Räucherfisch sind die Flossenträger wie gewöhnlich im Bauchbereich zu öffnen.

In den meisten Fällen werden die Fische vor dem Räuchern ausgenommen.

▸ Geräte zum Schlachten und Zerteilen

Neben einem zum Filetieren geeigneten Messer mit möglichst langer, scharfer und spitzer Klinge kommt z.B. beim Durchtrennen von dickeren Gräten oder knochigen Strukturen ein robusteres Arbeitsmesser auch mit feinerer Zahnung aus der Küche zum Einsatz. Stets scharf gehaltene Klingen ermöglichen „saubere" Schnitte und verringern die Gefahr des Abgleitens. Profis benutzen gern einen Wetzstahl, ein preiswerter Handschleifstein ist jedoch ebenfalls gut geeignet. Fehlt beides, lässt sich notfalls auch ein geeigneter Stein verwenden. Zum Schutz gegen Schnittverletzungen kann man einen im gewerblichen Bereich üblichen, aus Metallgeflecht gefertigten Handschuh tragen.

Eine kräftige scharfe Schere leistet beim Entfernen von Flossen oder beim Schnellschlachten von Heringen sehr gute Dienste. Zum Durchtrennen von Hauptgräten bei größeren Fischen ist eine übliche Handeisensäge ein einfaches Hilfsmittel, um Karbonadenstücke mit einem optimalen Schnittbild zu erhalten.

Abgelegt werden die Fische möglichst auf einer rutschfesten Holzunterlage, die wackelfrei in angenehmer Arbeitshöhe platziert ist. Beim Biwak oder Camping kann man notfalls auch nach einem Stück Brett Ausschau halten und dieses z.B. auf einem Eimer, einer Kiste oder auf geeigneten Steinen ablegen.

Karpfen in Karbonaden zerteilt.

Fische ausnehmen

Beim üblichen Ausnehmen führen Sie die scharfe und spitze Messerklinge vom Kehlsektor ausgehend bis zum Waidloch möglichst so flach unter der Bauchhaut entlang, dass kein Inhalt aus Galle oder Gedärm an das Fischfleisch gelangt. Ist trotz aller Vorsicht Gallensekret ausgetreten, färbt sich das Fleisch im betroffenen Sektor sofort gelbgrün. Wenn Sie jetzt rasch spülen, lässt sich ein Großteil des Gallensaftes noch entfernen. Sind dann die Eingeweide nach dem Abtrennen im Schlundbereich entnommen, entfernen Sie die unter der Hauptgräte liegende meist bräunlich aussehende Niere. Dies klappt meist recht gut mit dem Daumennagel, einem Löffelstiel oder einer schmalen Bürste mit längeren, nicht zu weichen Borsten. Sie können sich einen praktischen Kratzpinsel auch einfach selbst machen. Beim Aal muss der zum Ausnehmen geführte Schnitt so weit verlängert werden, dass auch das hinter dem Waidloch verlaufende Nierenteil entfernt werden kann.

Sind Eingeweide und Niere entfernt, spülen Sie gründlich mit kaltem Wasser nach und lösen anschließend ggf. die schwarze Bauchhaut ab. Nach dem Herausschneiden der Kiemen spülen Sie den Fisch noch einmal kalt aus.

Besonders bei Aal und Sprotte, und je nach Räucherart auch beim Hering, verbleiben die Kiemen beim Räuchern im Regelfall im Fisch. In solchen Fällen wird das Blut vorsichtig aus den Kiemen herausgedrückt und der Fisch noch einmal gründlich gespült.

Kratzpinsel

Besonders gut lässt sich die Niere mit einem selbst gefertigten „Kratzpinsel" entfernen.
Hierzu werden ca. 25–30 etwa 10 cm lange Borsten von einem Hofbesen abgetrennt, zusammengelegt und einfach im oberen Drittel mit einem üblichen Paketgummiring zusammengelascht.
Mit den relativ langen und festen Borsten lassen sich auch die Restpartikel aus den Rundungen der Hauptgräte selbst im kritischen Endbereich recht gut herausputzen. Auch die beim Pferdesport bekannten Hufkratzer mit Bürste und Winkeldorn sind sehr gut geeignet.

Fischhälften schneiden

Bei Fischarten wie Karpfen, Schleien, Brassen, Forellen und Lachsen um etwa zwei Kilo bietet sich neben der Teilung in Karbonaden auch die Längsteilung in Fischhälften an. Dies hat im Vergleich zum ganzen Fisch den Vorteil, dass das Fleisch schneller durchgart und an den Schnittflächen intensiv durch den Rauch aromatisiert wird.

Den ausgenommenen, gereinigten Fisch legen Sie so auf die Seite, dass der Schwanz zur Person und der Rücken zur Arbeitshand mit dem Messer weist. Das Filetiermesser wird unmittelbar über der Rückenflosse angesetzt und das Rückenfleisch in Richtung Kopf und Schwanz eingeschnitten. Die Klinge führt man unmittelbar an der Rückengräte entlang bis zu den Rippenbögen. Rippen/Bauchgräten vorerst stehen lassen. Dann den Fisch mit dem Rücken zur Person drehen und die Klingenspitze vom aufgetrennten Rücken her vor der letzten Bauchgräte bis zum After durchstechen. Dann das Messer auf der Hauptgräte gleitend bis zum Schwanz führen. Nun die Bauchgräten mit einem kräftigen, scharfen Arbeitsmesser an der Hautgräte entlang bis zum Kopf durchtrennen. Zum Schluss das Arbeitsmesser so durch die Kopfmitte weiterführen, das die obere Fischhälfte abgenommen werden kann.

Karbonaden vom Karpfen heiß geräuchert.

Fisch filetieren

Diese von uns bevorzugte Grundmethode ist bei den meisten Fischarten anwendbar. Auf der nächsten Seite erklären wir sie Schritt für Schritt.

Auch wenn es darüber oft andere Ansichten gibt, so nehmen wir unsere zum Filetieren vorgesehenen Fische vorher aus und spülen die Körperhöhle gründlich aus. Werden entschuppte Filets mit Haut gewünscht, sollten Sie die Schuppen vor dem Filetieren entfernen. Sind für bestimmte Zubereitungsarten Filets ohne Haut gewünscht, wird im Regelfall nicht entschuppt.

Auch wenn auf das Entschuppen verzichtet wird, ist es bei Exemplaren mit größeren festen Schuppen angebracht, diese im oberen Rückenbereich so zu entfernen, dass die Klinge beim Einschneiden nicht so leicht abrutschen kann.

Filetieren Schritt für Schritt

1. Den Fisch so halbschräg auf einem rutschfesten Brett ablegen, dass der Schwanz zur Person und der Rücken zur Arbeitshand mit dem Messer zeigt. Die Klinge nah über der Rückenflosse ansetzen und auf dem Saum der Rückengräten so zum Kopf und Schwanz hin bis zur Wirbelsäule durch das Rückenfleisch führen, dass die Bauchgräten nicht durchtrennt werden. Um sauber geschnittene Filets zu erhalten, müssen Sie darauf achten, dass die Klinge bei diesem Schnitt nicht unter den im Rücken befindlichen Grätensaum gerät.
2. Filet vom Kopf trennen, das gelöste Rückenfleisch etwas anheben und den vorderen Bereich der Klinge zwischen Rippengräten und Bauchfleisch vom Kopf bis zum Waidloch führen.
3. Nun die Klingenspitze vom geöffneten Rücken her so durchstechen, dass diese durch die Bauchhöhle am Waidloch austritt und auf der Hauptgräte gleitend zum Schwanz geführt werden kann. Filet abheben und zur Seite legen.
4. Den Fisch mit der Schnittseite nach unten so auf ein Brett legen, dass der Schwanz zur Person weist. Schwanzflosse mit dem Daumen fest auf das Brett drücken und die Klinge von der Schwanzwurzel ausgehend flach auf der Hauptgräte gleitend bis etwa zum Ansatz der After-/Rückenflosse führen.
5. Den Fisch halbschräg mit dem Kopf zur Person drehen. Die Klinge von der Rückenflosse an den Rückengräten entlang durch das Rückenfleisch zum Ansatz der Bauchgräten und in Richtung Kopf führen. Bauchgräten stehen lassen. Das Filet hinter dem Kopf abschneiden.
6. Das Filet vom Rücken her etwas anheben und die Schneide auf den Bauchgräten zum Bauch- und Kopfbereich führen. Nun auch das zweite Filet abheben.

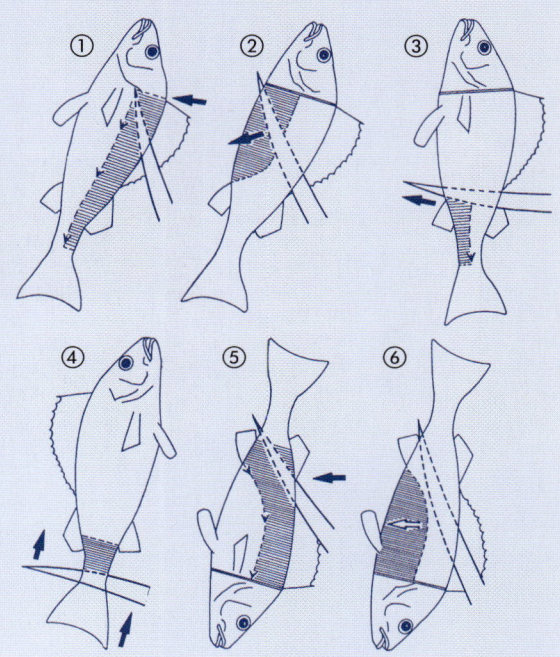

▸ **Filets enthäuten**

Um das Enthäuten zu erleichtern, ist es hilfreich, die Bauchflossen von den Filets zu trennen. Dann das Filet mit der Haut nach unten und mit dem Schwanzende zur Person auf dem Brett ablegen. Den hinteren Zipfel fest mit einem Finger auf das Holz drücken. Die Klinge direkt vor dem Haltefinger so durch das Fischfleisch führen, dass die Haut nicht eingeschnitten wird. Dann den scharfen Stahl fast flach halten und, auf der Haut gleitend, bis nach vorn durchziehen. Dabei ist es günstig, den hinteren Hautzipfel – von Daumen und Zeigefinger gehalten – unter der schneidenden Klinge leicht zupfend nach hinten zu ziehen.

Fisch-Schnitten

Viele Fischarten (siehe Übersicht Seite 21) ab etwa zwei Kilo Gewicht gelingen in Karbonaden geteilt geschmacklich und optisch sehr ansprechend. Um Karbonaden zu schneiden, den gesäuberten und entschleimten Fisch mit der Bauchseite auf ein rutschfestes Brett legen und die Rückenflossen mit einer kräftigen Schere stutzen. Dicke Flossendorne wie z. B. beim Karpfen lassen sich gut mit einer Kneifzange entfernen. Dann das Rückenfleisch in etwa 4–5 cm Abständen bis auf die Wirbelsäule einschneiden und diese mit einer Eisensäge durchtrennen. Nun den Fisch auf die Seite legen und die Karbonaden mit dem Messer gleichmäßig voneinander trennen.

Lachs wird in Filets geschnitten.

„Klappfisch"

Fleckmakrelen sind nicht nur an der Küste bekannte Leckerbissen. Die aus größeren Exemplaren (ab ca. 1 kg) bereiteten Spaltaale sind dagegen kaum im Angebot. Die bei dieser Art der Schlachtung entstehende große Schnittfläche macht das Fleisch über einen großen Bereich aufnahmefähig für die Aromastoffe des Rauches und ggf. verwendete Würzmittel. Dies verleiht den recht fetten Fischen eine ganz besonders pikante und weniger mächtige Note.

Beim Flecken oder Spalten erfolgen die ersten Schnitte nicht wie sonst beim Ausnehmen im Bauchbereich. Hier wird zuerst der Rücken durch einen Schnitt entlang der Mittelgräte geöffnet. Dann den oberen Kopfbereich so aufschneiden, dass auch der Oberkiefer durchtrennt wird. Unterkiefer, Kehlsteg und Bauchhaut bleiben dabei unzerschnitten erhalten.

Ist der Rückenschnitt bis ca. 2 cm vor dem Ansatz der Schwanzflosse verlängert und das Fleisch hinter der Bauchhöhle im unteren Bereich bis kurz vor der Haut aufgeschnitten, kann der Fisch aufgeklappt und von den Eingeweiden und Kiemen befreit werden. Sie haben es richtig gemacht, wenn beide Hälften noch durch Unterkiefer, Bauchlappen und die untere Haut des Schwanzteiles verbunden sind. Nach dem Spalten die Fische gründlich spülen.

Heringe schnell geschlachtet

„Die Heringe sind da!" Wie ein Lauffeuer verbreitet sich diese Nachricht im Frühjahr von der Küste bis hinein ins Binnenland und zieht jedes Jahr tausende Angler in ihren Bann. Oft sind die Gefäße rasch gefüllt doch dann...

Der Eimer ist voll und die Freude groß. Bis – ja bis das Säubern beginnt und sich die Mundwinkel von Nord nach Süd verziehen und aus der Kür die Pflicht erwächst. Diese schnelle Schlachtform bietet die Möglichkeit, auch einen größeren Fang rasch so zu verarbeiten, dass saubere Doppelfilets für vielfältige Zubereitungen zur Verfügung stehen.

Die Heringe mit der Schere hinter dem Waidloch beginnend bis zum Kehlsektor so aufschneiden, dass ca. 6–8 mm der unteren Bauchhaut abgetrennt werden. Dann die Fische hinter dem Kopf so einschneiden, dass die Hauptgräte sowie etwa ein Drittel des darunter liegenden Bauchsektors durchtrennt werden. Nun den Kopf mit den anhängenden Eingeweiden nach vorn in Richtung Schwanz abziehen. Jetzt einen Messerschnitt vom Ende des Bauchschnittes neben der Hauptgräte entlang bis zur Schwanzwurzel führen. Den Daumen im Bereich des Schnittes zwischen Hauptgräte und Fleisch erst Richtung Schwanz, dann Richtung Kopf entlangdrücken. Die Bauchgräten sowie die Schwanzflosse verbleiben an der Hauptgräte. Dann die andere Seite mit dem zwischen Fleisch und Hauptgräte gedrückten Zeigefinger ebenso auslösen. Die Rückenflosse und restliche schwarze Bauchhaut entfernen und die so erhaltenen Doppelfilets gründlich spülen.

▶ Heringe kehlen

Sicher ist der klassisch unausgenommene Bückling mit den von den Innereien auf einige Fleischsektoren übertragenen Bitterstoffen für viele Kenner ein echter „Renner". Wer jedoch den geräucherten Hering in milderer und angenehm zerlegbarer Variante testen möchte, kann dies durch das teilweise Ausnehmen – das Kehlen – erreichen. Zudem lassen sich die gekehlten Silberlinge alternativ zum Räuchern auch zu Salzhering oder zu Salzhering nach Matjesart verarbeiten.

Ein spitzes scharfes Messer in die Arbeitshand nehmen und den Hering mit der anderen Hand so halten, dass der Bauch nach oben zeigt. Dann im Bauchbereich zwischen den Brustflossen bis kurz vor dem Kiemenansatz einen ca. 2–3 cm langen Schnitt setzen.

Nun die Eingeweide und den anhängenden Darm mit einem flachen Gegenstand ohne scharfe Kanten, z. B. einem Löffelstiel, heraushebeln, mit Daumen und Zeigefinger fassen und so herausziehen, dass auch der Darm in seiner ganzen Länge entnommen wird. Wenn vorhanden, bleiben bei dieser speziellen Schlachtform die von vielen Genießern hoch geschätzten Rogen- oder Milchstränge unverletzt im Hering. Eine folgende Reinigungsspülung entfernt das noch vorhandene Blut weitgehend aus der Bauchhöhle.

Am nächsten Tag geht's leichter

Bei frischen Heringen sitzen die Gräten sehr fest im Fleisch. Nach einem Tag oder auch nach dem Auftauen lassen sich die Silberlinge deutlich einfacher entgräten.

Gebeizt, getrocknet und aufgehängt sind die Lachsfilets nun bereit für das Räuchern (hier für das Kalträuchern vorbereitet).

Entschuppen – ja oder nein?

Wollen Sie vor dem Filetieren die Schuppen entfernen, müssen Sie darauf achten, dass die darunter liegende Haut nicht verletzt wird. Es ist daher wichtig, dass das Schuppenkleid nicht antrocknet. Wenn Sie die Schuppen während der Zwischenlagerung feucht halten, gelingt das Entschuppen besonders leicht.

Bei Hornhecht, Hering und Makrele lassen sich die lose sitzenden Schuppen sehr leicht mit dem Messer oder den Fingernägeln abstreifen. Besonders einfach lässt sich dies im Wasserbad oder unter fließendem kalten Wasser bewerkstelligen. Auch bei Brassen, Hecht und Karpfen sind die Schuppen schnell entfernt.

Bei Zander, Barsch und Schlei ist dem recht festen Schuppenkleid nur mit größerem Zeitaufwand beizukommen. Es ist Geschmacks- und Ansichtssache, ob der damit verbundene Aufwand im rechten Verhältnis zum Ergebnis steht.

Natürlich zeigt auch ein gleichmäßig vergoldetes Schuppenkleid eine appetitliche Optik. Und zudem erhält der Fisch durch die sich beim Räuchern ergebende Festigung der beschuppten Haut eine besonders für Einsteiger günstige Stütze. Dies mindert die Gefahr des Herabfallens während kritischer Räucherphasen.

Schleim ab

Fischarten mit besonders ausgeprägter Schleimschicht wie z. B. Aal, Brassen oder Hecht sind möglichst vor dem Pökeln zu entschleimen. Bei Brassen und Hecht, die ungeschuppt bleiben sollen, gelingt dies recht gut durch einfaches Abschaben mit dem Messer. Anschließend kalt spülen und fertig. Die geschlachteten Aale werden gründlich in trockenem Kochsalz gewendet und nach etwa zwanzig Minuten von Hand abgestreift. Dann spülen und noch einmal von Hand abstreifen. Nach einem Bad von circa zehn Minuten im kalten Wasser lässt sich auch der restliche Schleim leicht entfernen.

Gründlich gesäubert hängen die Fische zum Abtropfen in der klaren Winterluft.

Bei den meisten sonstigen Fischarten löst sich der Schleim auch während der Pökelung in der Salzlake, so dass dies für den Hobbybereich meist ausreicht. Verbleibende Schleimzonen führen jedoch zur ungleichmäßigen Färbung beim Räuchern und zur Verminderung der Haltbarkeit.

Schlacht- und Schnittformen

Kleine und mittelgroße Fische bis ca. 1 kg werden meist im Ganzen, größere Exemplare in den angegebenen Schnittformen geräuchert.

Für das Heißräuchern

Fischart	Sonderform	unzerteilt ausgenommen	unzerteilt nicht ausgenommen	Filet	Doppel-filet	Fischhälften ca. 1–2 kg	Karbonaden
Aal	X	X					
Aalmutter		X					
Äsche		X					
Barsch		X				X	
Barbe		X				X	
Brassen	X					X	
Brosme							X
Conger							X
Dornhai	X						
Dorsch		X					X
Flunder / Kliesche		X					
Forelle		X				X	X
Graskarpfen						X	X
Hecht		X				X	X
Heilbutt							X
Hering	X	X	X	X	X		
Holzmakrele	X	X					
Hornhecht		X					
Karpfen	X	X				X	X
Köhler		X					X
Lachs					X	X	X
Meerforelle		X		X		X	X
Makrele	X	X					
Maräne		X	X				
Marmorkarpfen							X
Rotbarsch		X		X		X	X
Rutte		X					X
Saibling / Schleie		X				X	
Seezunge		X					
Schellfisch		X					X
Scholle		X					
Seewolf							X
Sprotte			X				
Stör							X
Wels				X			X
Wittling		X					
Zander		X				X	X

Wird das Räuchergut im Ofen auf Gittern abgelegt, lassen sich zahlreiche Fischarten auch in Filetform einbringen.

Für das Kalträuchern

Fischart	Sonderform	unzerteilt ausgenommen	unzerteilt nicht ausgenommen	Filet	Doppel-filet	Fischhälften ca. 1–2 kg	Karbonaden
Dorsch				X			
Forelle				X	X		
Hering		X	X	X	X	X	
Lachs				X			
Meerforelle				X		X	
Makrele				X		X	
Marmorkarpfen				X		X	
Saibling				X		X	
Stör				X			
Zander				X		X	

Sonderform: Beim enthäuteten Dornhai Bauchlappen abtrennen und als Schillerlocken – den Hauptkörper in ca. 10 cm lange Stücke geschnitten – heiß räuchern. Die anderen unter dieser Rubrik genannten Fischarten können sehr gut gefleckt bzw. gespalten werden.

Wichtig für das Aroma: Salzen

Für das Pökeln vor dem Räuchern verwenden wir übliches Kochsalz. Unterschieden wird grob zwischen dem Nass- und Trockenpökeln. Je nachdem, wie viel Zeit zur Vorbereitung Sie haben, entscheiden Sie sich für die eine oder andere Salzungsart.

Salzen in Lake

Nach Möglichkeit richten wir unseren Zeitplan beim Räuchern so ein, dass wir die Langzeitmethode des Pökelns nutzen können. Hierzu die gut gereinigten Fische bzw. Fischteile in einen ausreichend großen Pökelbehälter geben. Dann so viel kaltes Trinkwasser auffüllen, dass das Pökelgut nicht zu dicht liegt und vollständig vom Wasser bedeckt ist. Geben Sie das Wasser mit einem Messbecher zu, so dass Sie wissen, wie viel es war. Je Liter Wasser 55–60 Gramm Salz gründlich auflösen und die Lake gut umrühren. Ist man hier nachlässig, kann es passieren, dass die unten liegenden Exemplare durch den dort höheren Salzgehalt zu kräftig, die darüber liegenden zu lasch geraten. Da Sie eine solche Panne v.a. in einem hellen Pökelgefäß kaum sehen können, kommt es später beim Speisen zu unangenehmem Rätselraten und zu vielleicht langen Gesichtern. Wer hier ganz sicher gehen möchte, mischt die Lake bei bereits eingebrachtem Pökelgut nach 20 Minuten noch einmal sachte von Hand durch. Fischarten mit hohem Fettgehalt wie z.B. Aal, Makrele, Hering oder Silberkarpfen können nach unserem Geschmack, je nach tatsächlichem Fettgehalt, auch 65 bis maximal 70 Gramm Salz pro Liter Wasser „vertragen".

> **Das richtige Gefäß**
>
> Zum Pökeln eignen sich Gefäße ausreichender Größe aus glasiertem Steingut oder Porzellan sowie lebensmittelechte Kunststoffbehälter.

▶ **Einwirkdauer**
Die Pökelzeit beträgt bei dieser Methode ca. 8–10 Stunden. Beginnt man z.B. am Abend mit dem Salzen, kann das Räuchergut am nächsten Morgen entschleimt, in frischem Wasser gereinigt, vorgetrocknet und dann vergoldet werden. Dieses Pökeln in Lake hat den weiteren Vorteil, dass dickere und dünnere Fleischsektoren sehr gleichmäßig durchwürzen. Während des Pökelns muss das Gefäß vor Insekten und anderem Getier geschützt (mit Folie oder besser einem Deckel abgedeckt) an einem möglichst kühlen Ort stehen.

Salzen von Fischen in Lake.

Messbecher

Bei häufiger Anwendung dieser Methode kann ein kleiner selbst gefertigter Messbecher, der die nach eigenem Geschmack ermittelte Salzmenge pro Liter Wasser bündig aufnimmt, sehr hilfreich sein. So erreichen Sie stets schnell den gleichen Salzungsgrad.
Steht z. B. im Urlaub weder ein solches Hilfsmittel oder eine Waage zur Verfügung, kann auch eine übliche Plastikdose für Kleinbildfilme helfen. Bündig befüllt, fasst eine solche Dose ca. 50 g Kochsalz üblicher Körnung. Eine weitere Möglichkeit besteht darin, einen 10 Liter fassenden Eimer mit ca. 8–8,5 Litern Wasser zu befüllen und den ganzen Inhalt einer 500-Gramm Salzpackung darin aufzulösen.

▶ **Schnelle „Kartoffelsalzung"**

Oft findet auch die so genannte „Kartoffelsalzung" Anwendung. Bei dieser Methode wird einfach soviel Salz in der ermittelten Wassermenge aufgelöst, dass eine rohe ungeschälte Kartoffel darin aufschwimmt. Bei Versuchen mit dieser Methode haben wir aber festgestellt, dass bei sechs verschiedenen verwendeten Kartoffeln, vier verschiedene Salzmengen zwischen 90 und 130 g zum Aufschwimmen der einzelnen Knollen nötig waren. Die Ergebnisse der Würzung bei etwa gleicher Pökelzeit – man benötigt 2 bis 2 1/2 Stunden – können bei dieser Methode also recht deutlich voneinander abweichen.

▶ **Die 150-Gramm-Methode**

Eine zweite Möglichkeit der schnellen Nasssalzung besteht darin, 150 g Salz pro Liter Wasser aufzulösen. Die Pökelzeit liegt hier bei ca. 2 bis 2 1/2 Stunden. Im Vergleich zur Langzeitmethode geraten hier die dünneren Bauchbereiche oft kräftiger als die dickeren Rückensektoren. Deshalb ist diese Salzung eher für Stücke annähernd gleicher Dicke wie z. B. Karbonaden oder Filets geeignet. Filets können sogar bereits nach ca. 60–90 Minuten durchgesalzen sein.

Die Pökelzeit richtet sich für beide Methoden nach der Dicke der Stücke bzw. Fische. So bevorzugen Bekannte von uns z. B. für eine Forelle von ca. 400 g ca. 70–80 Minuten.

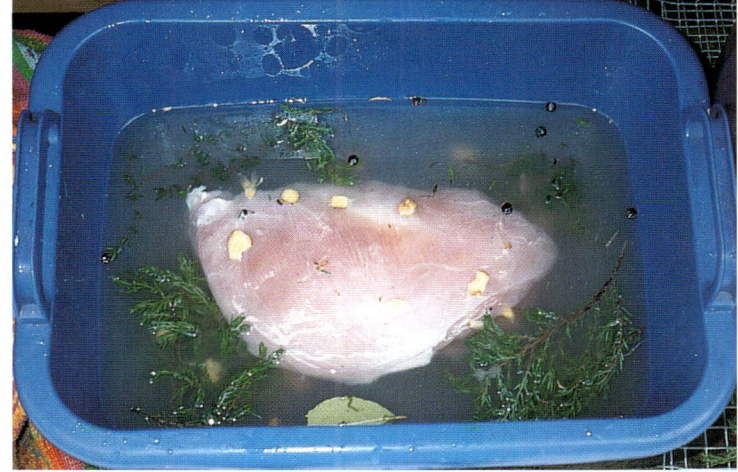

Auch Fleisch – hier eine Putenbrust – kann in Lake gepökelt werden. Zur Verbesserung des Aromas haben wir u. a. Wacholder und Lorbeer beigegeben.

Trockensalzung

Auch diese Methode zählt zum Schnellsalzen. Hierzu bestreut man den Boden eines passenden Gefäßes mit einer dünnen Schicht Salz. Nachdem die vorbereiteten Fische oder Fischstücke innen und außen mit Salz bestreut sind, wird dieses mit der Hand locker verrieben. Dann die Stücke in das Gefäß geben und mit Salz bestreuen. Anschließend je nach Dicke für ca. 70–90 Minuten abgedeckt kühl stellen. Kalt abspülen, trocknen und schon kann das Räuchern beginnen. Auch hier salzen gleich dicke Karbonaden und Filets relativ gleichmäßig durch, während das dünnere Bauchfleisch ganzer Fische meist kräftiger durchwürzt als das Innere des dickeren Rückenfleisches.

Aroma toppen

Wer besondere Geschmacksnoten beim Räucherfisch schätzt, kann hier mit einer Reihe von Gewürzen und Süßungsmitteln experimentieren. Der Fachhandel bietet eine breite Palette von Zutaten von fertigen Gewürzmischungen bis zu Einzelgewürze an.

Gewürze für Selbstmischer

Interessante Geschmacksnoten verleihen Koriander, Lorbeerblätter, Wacholderbeeren, Piment, Dill, Ingwer, geschrotete Pfefferkörner und Thymian.

▸ **Gewürze bei der Nasssalzung**
Für die Nasssalzung in Lake ist es empfehlenswert, die Gewürze vorher in Wasser aufzukochen, den Sud zehn Minuten ziehen zu lassen und dann mit den Gewürzen der Lake beizumengen. Hierbei mildert sich der Würzungsgrad des Salzes je nach Menge des Würzsudes. Zusätzlich zu den Gewürzen oder separat kann das Aroma der Lake auch mit Zucker oder Fruchtsirup getoppt werden. Wir hatten häufig die Gelegenheit, die verschiedensten Geschmacksvariationen zu testen, die unsere Freunde und Bekannten bevorzugen. Oft waren wir vom Geschmack der manchmal recht ausgefallenen Mischungen überrascht.

Lorbeer, Dill, Wacholder, Piment, Pfeffer – der Phantasie und dem Geschmack sind kaum Grenzen gesetzt, wenn es darum geht, das Aroma zu toppen.

▶ **Gewürze bei der Trockensalzung**

Auch bei der Trockensalzung lassen sich neben Zucker die oben genannten Gewürze nach eigenem Geschmack in das trockene Pökelsalz einmischen. Um das Eigenaroma nicht zu sehr in den Hintergrund zu würzen, ist das eher verhaltene Beimengen von Zutaten besonders bei Forelle, Lachs und Aal anzuraten. Bei den als deftig geltenden Arten wie z. B. Makrele oder Hering, darf es dann schon etwas mehr sein.

Gern benutzen wir auch eine kleine alte elektrische Kaffeemühle, die beim Zerkleinern von Gewürzen sehr gute Dienste leistet und extra für diesen Zweck bereitsteht. Mit dem kleinen Helfer lassen sich Gewürze recht schnell mahlen und gleichzeitig gut mischen.

Pikant, pikant

Bei Filets von Makrele oder Hering ist es je nach Rezept auch üblich, diese nach dem Pökeln z. B. mit zerstoßenem Pfeffer, eingeweichten Senfkörnern sowie Paprika und Zwiebeln (mariniert und gehackt) zu belegen. Auch das Bestreichen mit einer Mischung aus Zitronensaft, Tabasco und etwas Zucker oder Fruchtsirup kann hier bei diesen meist sehr fettreichen Fischarten die Mächtigkeit mindern und so einen besonders pikanten Gaumenkitzel bringen.

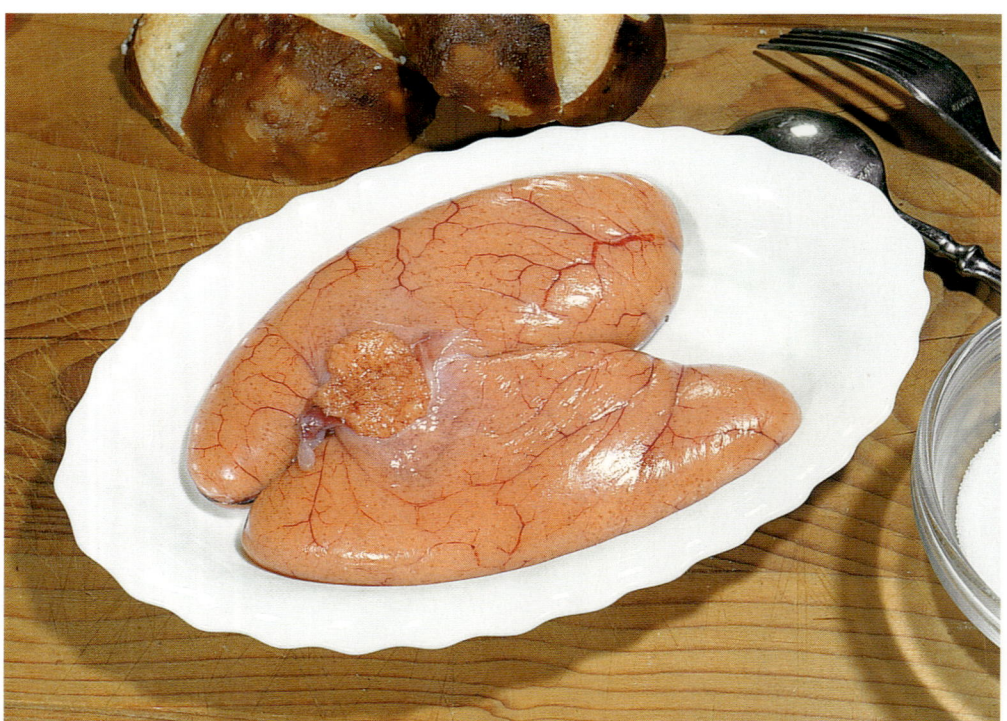

Dorschrogen pökeln wir vor dem Räuchern in Lake.

▶ **Würzmischung für Hering und Markele**
Eine weitere von uns geschätzte Würzmischung für Filets von Hering und Makrele besteht aus folgenden Zutaten und wird so verwendet: Die unzerteilten Filets trocken tupfen. Eine Mischung aus gemahlenem Koriander, möglichst frischem, notfalls aber auch getrocknetem Thymian, pro Filet eine zerdrückte Wacholderbeere, zerstoßene Senfkörner sowie feine Streifen von entkernten Peperonischoten auf die Schnittflächen auftragen und mit einem Hauch Paprikapulver (edelsüß) bestäuben. Zusammen mit dem Raucharoma entwickelt sich ein ganz hervorragender Geschmack – ein echtes Genusserlebnis!

Rogen für den Kenner

Auch Spezialitäten wie Rogen von z. B. Dorsch, Barsch, Hecht oder Hering brauchen Würze durch Salz. Hier wenden wir meist das Pökeln in der Lake an, also ca. 55–60 g Salz pro Liter kaltem Wasser. Zum Räuchern der meist kleinen Mengen eignet sich ein Kleingerät besonders gut. Werden ohnehin Fische geräuchert, lassen sich die gut abgetropften Rogenstücke je nach Form entweder über einen Spieß hängen oder auf einem Gitter im oberen Ofenbereich über den Fischen unterbringen

Mild heiß geräuchert wird daraus eine sehr leckere Mahlzeit.

und einfach miträuchern. Auch Leber und festere Milchstränge sind einen Geschmackstest wert.

Um evtl. vorhandene Nematoden im Rogen von Meersfischen abzutöten, räuchern wir nur Stücke, wenn sie vorher bei mindestens −18 °C Kerntemperatur für 24 Stunden gefrostet waren.

Je nach Geschmack wird der Rogen entweder durchgegart, es ergibt sich dann eine feste, eher krümelige Konsistenz. Andere dagegen bevorzugen ihn innen noch ein wenig saftig und weich. Zu diesem Thema haben wir schon von vielen Kennern extrem unterschiedliche Meinungen gehört.

> ### Geräucherte Leber
>
> Wir haben als besondere Spezialität auch zusätzlich mit Thymian gewürzte Schweineleber heiß – bis ca. 120°C – geräuchert. Die Gar- und Räucherzeit betrug je nach Dicke der Stücke und gewünschter Rauchintensität ca. 2–3 Stunden – die Leberstücke fanden jedoch nur bei Kennern anklang.
> Die Firma Feldmann bietet neben Gewürzmischungen zum Einreiben des Fleisches auch eine besonders originelle Räucherholz-Gewürzkohle an, die gleichzeitig Garhitze und Aroma erzeugt.

Geflügel, Eier und Fleisch

Neben halben Hähnchen haben wir auch Brust und Schenkel vom Gockel, Putenbrustfilet und hart gekochte Hühnereier im Rauch „vergoldet". Zum Pökeln kommen die Geflügelteile bei uns über Nacht, also für etwa 8–12 Stunden, in eine Salzlake (je Liter Wasser 70–75 g Salz). Hart gekochte Hühnereier werden ohne Schale in eine etwas mildere Lake (je Liter Wasser 60–65 g Salz) für etwa 8 Stunden eingebracht. Die Stücke vor dem Räuchern gut trocknen.

Auch Stücke vom Schwein wie z. B. Bauch, Dicke Rippe (ca. 4 cm dick) oder Nackenstücke lassen sich so mild durchwürzen. Nach dem gründlichen Trocknen kann das Einreiben mit speziellen Würzmischungen interessant sein. Hier können Sie wie auch beim Geflügel einen Hauch Ingwer oder Curry und Knoblauch dazu geben. Auch aus zarten Wildstücken lässt sich z. B. unter Beigabe von zerdrückten Wacholderbeeren leckeres Rauchfleisch für eine zünftige Brotzeit bereiten. Zum Heißräuchern hängen wir die Fleischstücke an Haken in die Rauchkammer.

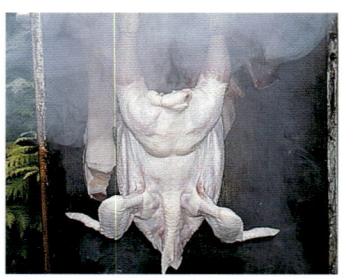

Hähnchen (aufgeklappt), Bauchfleisch und dicke Rippe wurden hier nass gepökelt und nach dem Trocknen im heißen Rauch veredelt.

Ab in den Ofen – an Haken, Spieß & Co

- Einbringung des Räucherguts 29
- Doch zuerst: Trocknen! 30
- Aufgespießt 30
- Mit der Schnur 33
- Mit der Spießrute 33
- Am Haken 34
- Auf dem Gitter 35
- Ab ins Körbchen 35

Einbringung des Räucherguts

Die unterschiedlichen Methoden, Fische oder Fischteile in die Rauchkammer einzubringen, richten sich nach Art und Größe der Flossenträger, nach der gewählten Schnittform und dem jeweiligen Ofentyp.

Wichtig ist, das Räuchergut so einzubringen, dass zwischen den einzelnen Stücken, den Wandungen, der Abdeckung und dem Boden bzw. der Flammensperre ein möglichst großer Abstand bleibt. Dies gewährleistet, dass Wärme und Rauch gleichmäßig einwirken können und so eine optimale Garung, Färbung und Aromatisierung erreicht wird.

Aufgespießt

- **Darauf sollten Sie achten**

Bedenken Sie, dass sich die Bauchhöhlen ganzer geöffneter Fische durch die Garung nicht unerheblich weit aufspreizen. Dadurch wird ein größerer Abstand erforderlich als bei geschlossenen Exemplaren oder Karbonaden. Ein möglichst großer Abstand der Fische zur Feuerebene vermindert die Gefahr, dass untere Fischbereiche versengen oder aufplatzen. Daher ist eine Flammensperre besonders in Öfen mit eher geringer Höhe sehr zu empfehlen. Wer sich selbst ein Gerät fertigen möchte, sollte dies unbedingt schon bei der Planung berücksichtigen. Bei den vom Handel angebotenen Räucheröfen ist ein solches Teil oft auch in Verbindung mit einer Fettauffangschale vorhanden.

Beim Aufreihen der Stücke auf Spieße sollten Sie darauf achten, dass der Abstand zwischen den über die Spieße hinausragenden Köpfen und der Abdeckung ausreichend groß bleibt. Geraten die Stücke zu dicht an die Wandung, können sie leicht ankleben, versengen oder ungleichmäßig garen und färben.

Doch zuerst: Trocknen!

Mit folgender Methode können Sie auch bei hoher Luftfeuchtigkeit Ihr Räuchergut besonders schnell und wirkungsvoll trocknen.

Zunächst kommt das gepökelte und gewürzte Räuchergut, je nachdem wie Sie es einbringen wollen, an Haken, Schnüren oder Spießen. Dann lässt man die Stücke gründlich abtropfen und hängt sie berührungsfrei in den unbeheizten Räucherofen ein. Ein nun entzündetes sehr kleines Feuer lässt die Oberflächen der Stücke durch aufsteigende Wärme und Luftzirkulation bei geöffneter Tür und Abdeckung antrocknen und wehrt gleichzeitig Fliegen ab. Geübte Räucherspezis bringen die abgetropften Fische vornehmlich in größeren Öfen auch schon über die zum Räuchern bestimmte Glut bei dosierter Flammenbildung zum Trocknen ein.

Kleinere Fischmengen kann man auch mit saugfähigem Küchenpapier abtupfen und vor Fliegen geschützt, an möglichst windiger Stelle antrocknen lassen. Bei ganz ungünstigen Bedingungen kann der warme Luftstrom aus einem Heizlüfter helfen. Ein günstiger Trocknungsgrad ist erreicht, wenn sich die Oberfläche etwas ledrig anfühlt. Aale und Hornhechte können auch mit noch feuchter Haut eingehängt werden.

Vor dem Räuchern müssen die Fische gut abtrocknen. In der kalten Jahreszeit ist das auch im Freien möglich, da es dann keine Fliegen gibt.

Stabilität

Die richtige Trocknung vor dem Räuchern soll besonders bei den eingehängten Fischen und Fischteilen durch die angestrebte Festigung der Haut einen möglichst sicheren Halt während der kritischen Garphase gewährleisten und unnötige Feuchtigkeit im Ofen vermeiden.

Aufgespießt

Das Aufreihen auf einfachen, beidseitig angespitzten Spießen ist die schnellste, für den Einsteiger jedoch meist riskanteste Methode, die Fische im Ofen zu platzieren.

Erheblich sicherer als der Einfachspieß ist der Doppelspieß, da hier die Zugbelastung durch das Eigengewicht der Stücke auf zwei Punkte verteilt wird. Das vermindert die Gefahr, dass die Fische während der Garphase herabfallen, deutlich. Die Spieße sollten so kräftig sein, dass sie sich durch die Last der aufgesteckten Stücke möglichst wenig durchbiegen. So kann das Räuchergut nicht in Richtung Spießmitte zusammenrutschen oder das Spießende von den Halterungen abgleiten.

▶ **Edelstahl**

Spieße aus Edelstahl sind besonders gut geeignet, da dieses Material recht biegestabil und leicht zu reinigen ist. Bei geringer Spießlänge reicht hier ein Durchmesser von ca. 3–4 mm aus. Bei längeren Spießen gehen wir im Regelfall über 5–6 mm Durchmesser nicht hinaus. Steht kein Edelstahl zur Verfügung, ist auch möglichst harter Stahldraht oder Rundstahl einsetzbar.

▶ **Durchstechpunkte**

Die Zeichnung zeigt günstige Durchstechpunkte zum Setzen eines Doppelspießes bei Aal oder Hornhecht, Karbonaden, Doppelfilets und ganzen Fischen (von links nach rechts).

Beim Aal den Spieß ca. 2 cm unter dem Kopf, von der Bauchseite her, links und rechts neben der Hauptgräte durch das Rückenfleisch führen. Bei Karbonaden liegen die Punkte links und rechts knapp unterhalb der Wirbelsäule. Bei Doppelfilets ca. 2–2,5 cm unterhalb der oberen Schnittstelle, links und rechts neben der mittleren Rückenlinie stechen. Bei ganzen Fischen bis etwa 500 g wird der Spieß ca. 2–2,5 cm, bei größeren Exemplaren ca. 3 cm unterhalb des Kopfes von der Bauchseite ausgehend links und rechts neben der Wirbelsäule durch das Rückenfleisch geführt.

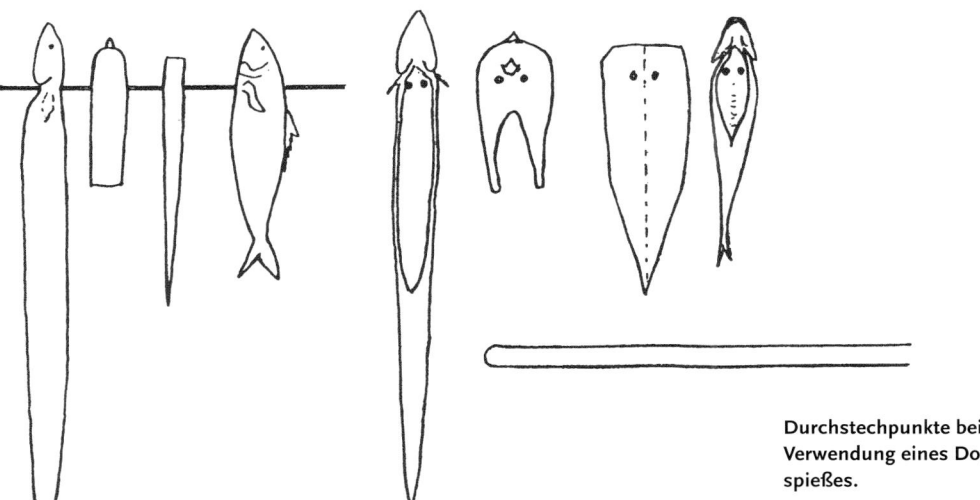

Durchstechpunkte bei der Verwendung eines Doppelspießes.

Befestigungsmöglichkeiten

Auf der Zeichnung können Sie noch weitere einfache Möglichkeiten der Fischbefestigung sehen, dargestellt an Hand einer Makrele (von links nach rechts).

1. Den Spieß seitlich ca. 2 cm unterhalb des Kopfes unmittelbar an der Hauptgräte vorbei durch das Rückenfleisch führen.
2. Oder den Spieß von der offenen Bauchseite her ca. 2 cm unterhalb des Kopfes dicht an der Hauptgräte vorbei durch den Rücken des Fisches stechen.
3. Eine weitere Möglichkeit ist, den Spieß durch die Augenhöhlen zu führen. Dazu die Makrele mit der Schnittseite nach hinten festhalten. Den Spieß von der rechten Seite durch die Augenhöhle schieben. Dann unter den Hälften von Ober- und Unterkiefer hindurch und durch die Augenöffnung der anderen Kopfhälfte führen.
4. Neben den im Handel erhältlichen Einfach- und Doppelhaken lassen sich auch sehr gut die hier dargestellten, selbst gefertigten Drahthaken verwenden. Hierzu ein ca. 20 cm langes, ca. 2 mm dickes Drahtstück aus möglichst festem, nicht rostenden Material an einem Ende spitz anschleifen und zu einem Haken biegen. Das andere Drahtende von der offenen Bauchseite des Fisches her durch das Maul nach außen führen und zu einem kleinen Halbkreis biegen. Nun den unteren Haken ca. 1,5 cm unter dem Kopf, dicht an der Hauptgräte vorbei durch das Rückenfleisch stechen.
5. Ganze ausgenommene Fische können auch einfach am Schwanzende mit einer hitzefesten Schnur umknotet und so eingehängt werden. Die Schwanzflosse verhindert, dass der Fisch durch den Knoten rutschen kann.
6. Zwei Filets, von Haupt- und großen Bauchgräten befreit, an den Schwanzenden zusammenbinden. Ein ca. 2 cm dickes Zweigstückchen wie abgebildet mit einem Drahtbügel oder einer Schnur versehen. Hängt man die Filets über den Zweig, spreizen sie sich so weit auseinander, dass Rauch und Garwärme innen und außen gut einwirken können. Zudem ist so die Gefahr des Herabfallens sehr gering.

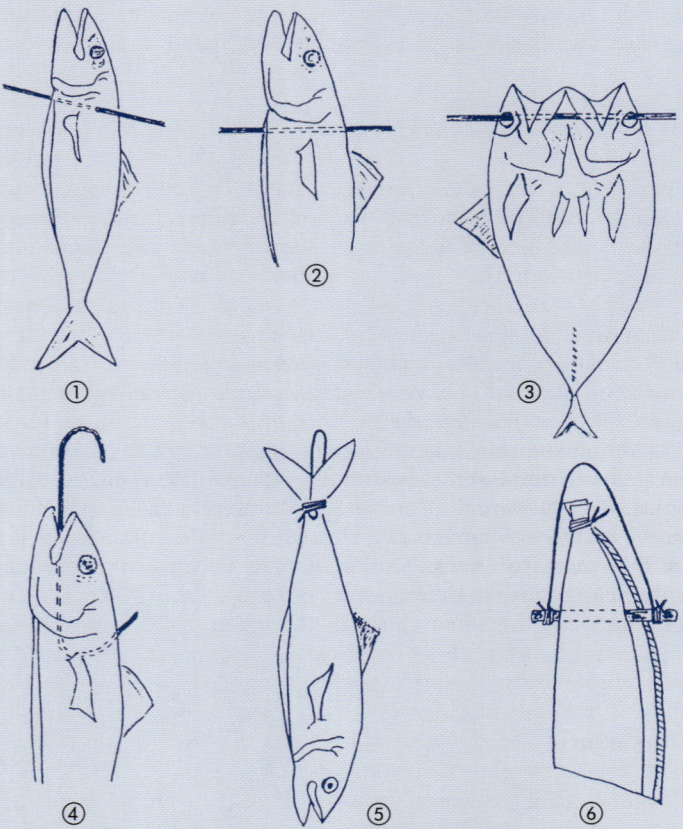

Mit der Schnur

Zum Einhängen mit Schnur eignen sich hitzefeste Bänder aus Naturfasern. Kunststoffschnüre sind wegen der Schmelzgefahr nicht geeignet. Legen Sie die Schnur am besten immer doppelt – so ist sie stabiler und schneidet weniger ein. Zwei verschiedene Einsatzmöglichkeiten sind auf der Zeichnung links dargestellt und wurden schon erklärt.

Mit der Spießrute

Sind z. B. im Urlaub weder geeignete Schnur, Draht für Haken noch Eisenstangen für Spieße aufzutreiben, kann man sich auch mit geraden, von der Rinde befreiten Holzruten aus möglichst knastfreien stabilen Zweigen behelfen. Hierzu wird die Spießrute von der geöffneten Bauchseite her so durch den Schlundbereich geführt, dass sie aus dem Maul herausschaut. Achten Sie auch bei dieser Methode darauf, dass sich die Ruten unter der Fischlast nicht zu sehr durchbiegen.

Da die Fischköpfe im Vergleich zum üblichen Aufspießen nur zu einem geringen Teil über die Ruten hinwegragen, kann ein provisorischer Tonnenofen auch dann noch gut mit Jute o. Ä. abgedeckt werden, wenn die mit den Fischen besteckten Ruten auf dem oberen Rand der Tonne abgelegt werden. Wir haben so mit einfachsten Mitteln schon sehr viele Aale erfolgreich räuchern können. Wichtig ist hier jedoch, dass die Fische ganz besonders sorgfältig getrocknet werden, da die das Fischgewicht tragenden unteren Bereiche des Kopfes während der Garung nur wenig belastbar sind. Deshalb raten wir Einsteigern von der Einbringung schwerer Fische auf diese Art zunächst einmal ab.

Am Haken

Besonders sicher lassen sich ganze Fische mit geöffneter Bauchhöhle durch spezielle, auch im Handel angebotene Räucherhaken einhängen. Stehen diese einmal nicht zur Verfügung, lassen sich diese Hakentypen auch provisorisch aus ca. 2 mm dickem Draht selbst fertigen.

Hierbei sollten die Steckenden möglichst spitz mit dem Seitenschneider abgekniffen oder mit einer Feile oder auf einem geeigneten Stein zugefeilt bzw. geschlif-

Hähnchen-Hälften lassen sich einfach an geeigneter Schnur aufhängen.

fen werden. Viele der vom Handel angebotenen aus Edelstahl gefertigten Haken sind im Vergleich zu den selbst gebogenen allerdings rostfrei und besser zu reinigen.

▸ Doppelter Rückenhaken ①

Der doppelte Rückenhaken wird von uns besonders gern eingesetzt, da er neben Fischen in Portionsgröße auch Exemplare bis etwa 1,5 kg sehr gut hält und leicht zu setzen ist. Hierzu die obere Öse so von der Bauchseite durch Schlund und Maul führen, dass die zwei abgewinkelten ca. 2,5–3 cm langen Dorne etwa 2 cm unter dem Kopf dicht an der Wirbelsäule vorbei durch Rückenfleisch und Haut gedrückt werden können. Für die großen Fische benutzen wir vornehmlich Haken mit bis zu 5 cm langen Dornen. Ein einfacher, durch die Öse geführter S-Haken hält den Fisch an der Einhängestange.

▸ Doppelhaken ②

Auch Doppelhaken mit zwei im Abstand übereinander abgewinkelten Dornen haben sich zum Einhängen ganzer Fische bis 1,5 kg oder von Fischhälften gut bewährt. Auch hier wird die Öse von der geöffneten Bauchseite des Fisches aus durch das Maul geschoben. Dann stechen Sie die beiden Dorne nah an der Wirbelsäule so durch den Rücken, dass der obere Dorn ca. 2 cm unterhalb des Kopfes sitzt. Der untere Dorn ist dabei möglichst auf der anderen Seite der Wirbelsäule zu platzieren.

Bei Fischhälften mit Wirbelsäule werden die beiden Hakendorne so von der Schnittfläche her nah neben der Wirbelsäule durch Fleisch und Haut gestochen, dass die Kopfhälfte nach oben zeigt. Nun wird ein

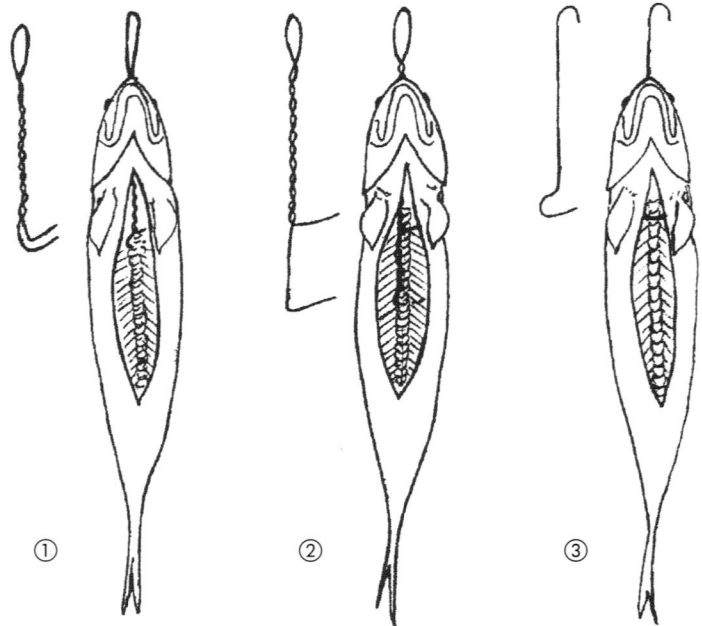

1 Doppelter Rückenhaken
2 Doppelhaken
3 Wirbel-Drehhaken

S-Haken so durch die obere Kopfhälfte geführt, dass er durch die Öse des Doppelhakens geschoben werden kann.

Um ebene Fischhälften ohne verkrümmte Bauchlappen zu erhalten, hilft ein an beiden Enden abgewinkelter, im oberen Bereich der Hälften durch Fleisch und Haut gestochener Spreizdraht, der zwischen Hakenschaft und Fisch platziert ist.

▶ **Wirbel- oder Drehhaken** ③

Beim Wirbel- oder Drehhaken wird der obere Einhängebogen von der Bauchseite her so weit durch das Fischmaul nach außen geführt, dass der untere horizontal liegende Einstechbogen 2–3 cm unterhalb des Kopfes um die Wirbelsäule herumgedreht und in das Rückenfleisch eingestochen werden kann.

Auf dem Gitter

Vornehmlich Filets und Karbonaden sowie kleineres Räuchergut wie z. B. Rogen, Rollmöpse, Fischflunken, ungünstig geschnittene Reststücke und gekochte Eier sind auf einem Gitter abgelegt auch für den Einsteiger sicher im Ofen unterzubringen. Um die Stücke leichter vom Metall lösen zu können, sollten sie möglichst gut vorgetrocknet und dann erst auf dem noch kalt eingeölten Gitter abgelegt werden.

Damit Filets mit Haut möglichst saftig gelingen, legen Sie sie mit der Schnittfläche nach oben auf. Sollen auch ganze geöffnete Fische liegend geräuchert werden, legen Sie sie in Rückenlage, so dass das Abtropfen von Fleischsaft und Fett vermieden und ein optimales Aufspreizen der Bauchlappen ermöglicht wird.

Aus Edelstahl gefertigte, biegestabile Gitter mit einem Stangenabstand von ca. 1–1,5 cm sind besonders gut geeignet. Stehen diese nicht zur Verfügung, ist z. B. auch rostfreier Siebdraht für Sand oder engmaschiger Kükendraht verwendbar. Legen Sie Räucherspieße unter, hilft das, das Durchbiegen wenig stabiler Geflechte zu vermeiden.

Second-Hand-Gitter

Wir haben uns für diesen Zweck einige sehr stabile Bratgitter aus ausrangierten Küchenherden kostenlos vom Gerätehändler beschafft.

Ab ins Körbchen

Bei einigen Ofentypen gehören Metallkörbe aus Edelstahl zum besonders sicheren Einbringen des Räuchergutes zur Grundausstattung. Hier lassen sich neben Filets und anderen Stücken auch ganze Fische so auf dem Rücken einbringen, dass sie nicht zur Seite kippen. Meist werden die Körbe neben- und im Abstand übereinander auf seitlichen Führungswinkeln abgelegt. Da die Fische hier liegend eingebracht sind und nicht abfallen können, lässt sich auf wenig Raum viel Räuchergut im Ofen unterbringen. Durch die Gitterstäbe der Körbe zeigt sich auf den Ablageseiten der Stücke nach dem Räuchern ein entsprechendes Muster.

Holz, der Aromaspender

▸ Holz auf Vorrat 36
▸ Richtig lagern 37
▸ Holzkohle 38
▸ Wacholder-Kick 38
▸ Ungeeignete Holzarten 39
▸ Art, Struktur und Wirkung des Holzes 40

Holz auf Vorrat

Nicht nur Spezis, die über eine zünftige Räucherhütte verfügen, legen sich gern einen Vorrat gut geeigneter Hölzer und Späne an. Wer rechtzeitig vorsorgt und sich ein entsprechendes Depot schafft, kommt nie in Verlegenheit, auch wenn das Räuchern mal ganz spontan stattfindet. Außerdem hat das den Vorteil, dass Sie das verbrauchte Material ohne Zeitdruck bei passenden Gelegenheiten ergänzen können – oft ist das dann auch noch kostenlos möglich.

Wir haben so im Laufe der Zeit neben einer ausreichenden Menge an trockenen kernigen Hölzern auch morsche schimmelfreie Stammstücke, frisch im Saft stehende Äste und – wenn erlaubt – Wacholderzweige und ähnliches bei Spaziergängen am Waldrand oder aus gelichteten Knickbereichen gesammelt. Häufig liegen hier vom Sturm abgebrochene oder von Fällarbeiten übriggebliebene Äste in allen Stärken und Trocknungsgraden herum.

Es kann sich glücklich schätzen, wer einen solchen Vorrat an gut geeignetem Räucherholz – vor Regen geschützt – sein eigen nennt.

Manchmal finden sich hier auch größere Mengen grober Schredderspäne, die, wenn sie von der richtigen Holzart stammen, ebenfalls sehr gut verwendbar sind. Oft sieht man auch an Straßenrändern oder in Parks bei Rodungs- oder Pflegearbeiten angefallene Schredderspäne. Späne, die durch Einsatz einer Kettensäge entstehen, nutzen wir wegen des anhaftenden Kettenöls nicht.

Sägewerke und größere Räuchereien bieten mitunter sehr gute Beschaffungsmöglichkeiten für Sägespäne geeigneter Holzarten – schauen Sie im Branchenbuch nach. Und auch der Fachhandel (z. B. für Angelzubehör) hält natürlich eine breite Palette an Räuchermehlen und Spänen auch in speziellen Mischungen und unter Zusatz von besonderen Würzelementen bereit.

Richtig lagern

Da beim Heißräuchern neben trockenen Scheiten zur Erzeugung der Glut mitunter auch halbtrockenes oder noch im Saft stehendes Holz für die Raucherzeugung nützlich ist, wird das Material beim Einlagern möglichst so abgelegt, dass das trockene Holz gut überdacht im hinteren Bereich und das feuchte so davor platziert wird, dass es, ohne richtig nass zu werden, auch einmal einige Regentropfen abbekommt.

An unserem Räucherhäuschen haben wir uns die Möglichkeit geschaffen, einen kleinen Holzvorrat trocken zu lagern.

▶ **Luftig aber gut geschützt**

Späne von frisch geschlagenem Holz enthalten noch relativ viel Feuchtigkeit, so dass sich das Ausbreiten zum Trocknen an geeigneter Stelle empfiehlt. Zur weiteren Aufbewahrung eignen sich neben Körben auch Holzkisten besonders gut. Wenn keine kleinen grauen Nager auf der Lauer liegen, lassen sich auch Papier-, Jute- oder Leinensäcke nutzen. In Gebinden aus Kunststoff dagegen können die Späne je nach Restfeuchtigkeit leicht muffig oder schimmelig werden. Generell sollten Sie das Spanmaterial an einem trockenen Ort möglichst luftig lagern. Bei längerer Lagerzeit besonders größerer Mengen empfehlen sich Zwischenkontrollen und das gelegentliche Wenden der Späne.

Wenn Sie sich einen Vorrat anlegen möchten und selbst noch keine Erfahrungen in Sachen Räucherholz gesammelt haben, können Sie – wenn geeigneter Lagerplatz knapp ist – mit den im Tipp genannten Arten beginnen und dann, wenn gewünscht, mit anderen Hölzern experimentieren. So haben wir z. B. auch schon Ahorn, Esche, Birke, Eiche, Pappel und Kastanie in Rauch aufgehen lassen und sind doch immer wieder zu den obigen Arten zurückgekehrt. Für den Fall, dass z. B. auf Reisen nur wenig Material unseres Favoriten zu finden war, haben wir Holz aus der zweiten Riege zur Gluterzeugung und das der für uns ersten Klasse für die aromatisierende Rauchbildung genutzt.

Unser bevorzugtes Holz

Wir bevorzugen nach zahlreichen Versuchen Buche, Weide und Erle sowie grüne oder trockene Wacholder- und belaubte Weidenzweige für die Holz- und Spangewinnung.

Holzkohle

Es gab auch schon Situationen, in denen uns während einer längeren Regenphase nur nasses frisches Weidenholz und Weidenzweige sowie Holzkohle für den Grill zur Verfügung standen. Nutzt man dann die Holzkohle für die Gluterzeugung und hängt die Fische nach dem Erreichen des Weißbrandes in den Ofen ein, lässt sich auch mit dem nassen Holz- und Zweigmaterial eine zuverlässige Garung und kräftiger aromatischer Rauch erzielen. Bei den zerkleinerten nassen und belaubten Zweigen muss allerdings bedacht werden, dass diese nach der Trocknung auf der Glut plötzlich kräftig aufflammen können.

Holzkohle ist meist problemlos erhältlich und lässt sich aufgrund des gut kalkulierbaren Brennwertes mit geeignetem Spanmaterial auch für den Einsteiger leicht als Heiz- und Glutquelle nutzen. Im Vergleich zu Holz ist die Gefahr ungewollter Aufflammungen bei Holzkohle deutlich geringer und die Wärmesteuerung einfacher. Vor dem Aufbringen der Räucherspäne soll handelsübliche Holzkohle – wie auch beim Grillen – weiß gebrannt sein.

> **Achtung!**
>
> Auch grüne Wacholderzweige können äußerst kräftig aufflammen. Schneidet man die Zweige jedoch klein und mischt diese unter das Spanmaterial, ist diese Gefahr gebannt.

Wacholder-Kick

Zweige und Beeren von wildem Wacholder eigenen sich nicht nur in solch widrigen Lagen gut zum Räuchern. Wir haben allerdings den Eindruck, dass hier unterschiedliche Arten zu abweichenden Ergebnissen führen können. So vertrauten wir z. B. in Schweden unsere Aalbeute in einer Tonne ausschließlich der Glut und dem Rauch vom Wacholder an und waren mit dem Ergebnis sehr zufrieden. Wieder zu Hause, führte eine bei uns heimische Art zu einem leicht bitteren Beigeschmack. Jetzt nutzen wir Wacholder als eher geringe Zugabe zum Verbessern des Aromas.

Räuchermittel: Feine und grobe Sägespäne, grobe Hackspäne, Wacholder und Feuerholz

Ungeeignete Holzarten

Holz-, Span- und Zweigmaterial von harzhaltigen Nadelbaumarten wie Kiefer, Fichte und Tanne verwenden wir nicht, da wir die oft rußige schwarz-braune Färbung und den Geschmack überhaupt nicht schätzen. Ebenso schließen wir nicht definierbares oder behandeltes Holzmaterial sowie Baumrinde oder Torf – auch wegen der schädlichen Stoffe – aus.

▶ **Keine Regel ohne Ausnahme**
Lediglich bei Geräten, deren Feuerkammer so dicht von der Rauchkammer getrennt ist, dass keine Rauchgase an das Räuchergut gelangen können, setzen wir im Notfall auch Nadelholz für das Heizen ein – aber nur für das Heizen! Das für die Raucherzeugung bestimmte Material kommt dann direkt auf den Boden der Rauchkammer und wird von den gegen das Bodenblech schlagenden Flammen in einen Schwelbrand versetzt.

Morsches Erlenholz ohne Schimmel ist gut zum Räuchern geeignet.

Mit Messer und Beil

Stehen einmal für das Räuchern im kleinen Gerät keine Späne zur Verfügung, lässt sich meist eine einfache Lösung finden, die oft rasch und ohne viel Aufwand durchgeführt ist. Hierzu sucht man sich einen frischen Zweig einer geeigneten Holzart und schnitzt mit dem Messer nach dem Entrinden einfach eine ausreichende Menge langer dünner Späne ab. Ist ein Beil zur Hand, werden die entrindeten Zweige z. B. auf einem Holzklotz längs der Maserung fein gespalten und anschließend quer zur Maserung zerhackt. Da im Kleingerät nur relativ wenig Späne benötigt werden, steht das gewünschte Material in wenigen Minuten zur Verfügung.

Fertige Räuchermittel wie z. B. Holzspäne oder Holzkohle mit Gewürzen zu Presslingen verarbeitet, hält der Fachhandel bereit. Dort gibt es auch Gewürzmischungen, die unter die üblichen Räucherspäne gemischt werden (hier von Feldmann).

Wir nutzen die Möglichkeit, aus einer hohlen Weide geeignetes Räuchermaterial zu holen. Das Holz lässt sich später ganz leicht mit einem Stein zu Spänen bzw. Mehl zerstoßen.

Art, Struktur und Wirkung des Holzes

Art bzw. Struktur der verschiedenen Räuchermaterialien haben eine unterschiedliche Wirkung auf Hitzeentwicklung und Raucherzeugung. So lässt sich mit Harthölzern wie z. B. Buche, Eiche und Esche ein relativ hoher Hitzewert erzielen. Schimmelfreies morsches Holz bringt bei relativ wenig Hitze kräftige Rauchbildung und gute Farbe. Wir haben allerdings den Eindruck, dass – von Weide abgesehen – das Aroma im Vergleich zum kernigen Holz weniger intensiv ist.

- **Welches Holz für welchen Zweck**
- Größere Holzstücke eignen sich zur Hitze- und Glutbildung.
- Kleinholz ist als Anzündhilfe sowie zum Nachschüren verwendbar.
- Grobe Hackspäne erzeugen neben Rauch auch einiges an Wärme.
- Sägemehl oder feine Späne bringen bei relativ geringer Wärmebildung kräftigen Rauch und eignen sich zum Abdämmen von Aufflammungen und/oder der Glut. Drückt man das Sägemehl im Spangefäß zusammen, mindert sich der Wärmewert der Spanglut.
- Bei der Lagerung sollten die Späne trocken gehalten werden. Kurz vor dem Räuchern etwas angefeuchtet, entsteht eine oft besonders kräftige Rauchbildung bei verminderter Gefahr von unerwünschten Aufflammungen.

- Belaubte Zweige lassen sich zum Nachschüren, zur Raucherzeugung und in Wasser getaucht auch zum Abdämmen von Flammen oder Glut einsetzen.
- Frisches, im Saft stehendes Holz kann, auf die Glut gegeben, kräftigen Rauch bringen.
- Holzkohle ist nach dem Weißbrand zur relativ gleichmäßigen Erzeugung der Garhitze sowie zur Raucherzeugung durch aufgebrachte Späne, Zweige oder frisches Holz geeignet.

Spezielles Raucharoma – geheime Verschlusssache

Viele Räucherspezis haben sich besondere Mischungen für das persönliche Lieblings-Raucharoma zusammengestellt und hüten diese Rezepturen wie eine geheime Verschlusssache. Auch die Zusammensetzung einiger der vom Handel angebotenen Gewürz-Räuchermehle und Zutaten bleiben aus verständlichen Gründen im Verborgenen.

Bei uns steht zur Zeit folgende Mischung auf Platz 1 der Beliebtheitsskala:
70 % Weide, 25 % Buche, 5 % Wacholder

Dabei dienen Scheite von Buche und Weide der Erzeugung der Glut- bzw. Garhitze und Späne, Morschholz und mitunter auch belaubte Zweige der Weide zusammen mit zerkleinerten Wacholderzweigen und einigen Wacholderbeeren der Raucherzeugung.

Weitere von uns geschätzte Mischungen:
70 % Erle, 25 % Weide, 5% Wacholder oder
95 % Erle, 5 % Wacholder oder
60% Weißbuche, 35 % Erle, 5% Wacholder

Wenn der Kräutergarten es hergibt, geben wir mitunter statt Wacholder auch Kräuter wie z. B. Dill, Thymian, Bohnenkraut oder Liebstöckel zur Aromatisierung des Rauches mit auf die Glut. Hier ist Ihr persönlicher Geschmack die Basis für interessante Experimente, wobei die angegebenen Mischungen als geeignete Orientierung dienen können.

Heißräuchern – die Grundmethode

- Garen und Färben – gleichzeitig oder nacheinander 42
- Das A und O: Die Temperaturkontrolle 43
- Garzeit 44
- Rauchphase 45
- Garprobe 46
- Abkühlen 46

Garen und Färben – gleichzeitig oder nacheinander

Während das Garen und Färben in den kompakten Kästen, im Kuppelgrill und zum Teil auch in der Tonne weitgehend gleichzeitig abläuft, werden diese Vorgänge beim traditionellen Heißräuchern in üblichen Öfen ineinander übergehend oder nacheinander durchgeführt. Hier wird der Räucherprozess nach der Vorbereitung und Trocknung der im ausreichenden Abstand zueinander und zur Gerätewand eingehängten Fische mit der Garung über der nur leicht lodernden Glut eingeleitet und mit der Farb- und Aromabildung durch die sich anschließende Rauchgebung beendet.

Einige nützliche Hilfsmittel für das Heißräuchern: ein Eimer mit Wasser, Tücher, Glutbelüfter oder Blasebalg, Schnur, Thermometer, Spanndraht, Kneifzange, Beil, Aluschale, Messer und Haken.

Thermometer prüfen

Wir haben im Laufe der Jahre mehrere einfache Rundthermometer verwendet und festgestellt, dass einige dieser Geräte besonders nach längerer Nutzung einen mitunter deutlich von der tatsächlichen Innentemperatur abweichenden Wert anzeigen oder den Realwert erst nach einer längeren Verzögerung wiedergeben können. Da die Hitze im Ofen dann bereits deutlich höher sein kann als angezeigt, besteht leicht die Gefahr der Überhitzung, so dass Fische aufplatzen, versengen oder abfallen können. Wir empfehlen Ihnen daher, den Sensordorn vorsichtig von Belägen zu befreien und die Anzeige des Räucherthermometers außerhalb des Ofens mit einem üblichen Flüssigkeits- oder besser Digitalgerät zu vergleichen. So können Sie etwaige Abweichungen beim Räuchern berücksichtigen.

Das A und O: Die Temperaturkontrolle

Auch wenn „alte Hasen" die Temperaturüberwachung mit der aufgelegten Hand recht zuverlässig durchführen können, ist es für den Einsteiger durchaus ratsam, ein vom Fachhandel angebotenes Räucherthermometer zu nutzen. Neben dem häufig genutzten Rundthermometer sind für den anspruchsvollen Räucherfreund auch Digitalthermometer mit elektronischer Temperaturüberwachung erhältlich, die Alarm geben, wenn der eingestellte Hitzewert überschritten wird.

► **Im Windschutz**

Um die im Ofen erzeugte Wärme nicht zu rasch ungenutzt nach außen abstrahlen zu lassen, sind vornehmlich unisolierte Blechöfen windgeschützt aufzustellen. Lassen Sie das außer Acht, kann in der kalten Jahreszeit beim Garen der Fische die Temperatur so stark absinken, dass das Feuer nachgeschürt werden muss. Dies erhöht neben dem Arbeitsaufwand auch den Energieverbrauch und beim Nachfeuern kann es dann leicht zur Überhitzung des Räuchergutes kommen.

► **Wohin mit dem Fisch?**

Schaffen Sie sich vor dem Räuchern eine Möglichkeit zum Aufhängen warmer Fische außerhalb des Ofens. Entnimmt man z. B. kleinere Flossenträger vor den Größeren oder hat sich etwa durch Überhitzung eine Panne eingeschlichen, müssen die heißen „Goldstücke" möglichst hängend untergebracht werden, um Deformierungen und Fleischsaftverlust zu vermeiden. Haben Sie daran nicht gedacht, laufen Sie plötzlich umher, um meist vergebens nach einer solchen Möglichkeit zu suchen. Inzwischen können die restlichen Fische im verlassenen Ofen evtl. auch überhitzen, so dass die Situation unangenehm werden kann.

Wichtig ist beim Heißräuchern v. a. für Einsteiger die Temperaturkontrolle z. B. mit einem solchen Rundthermometer.

Wenn im Feuerkasten der richtige Zug fehlt, können Sie der Sache mit einem elektrischen Belüfter oder auch einem Blasebalg etwas „Dampf" machen.

Möglichst hoch und klein vor groß

Wir bevorzugen besonders bei Öfen mit Holzbefeuerung ohne gasdichte Trennung zwischen Feuerebene und den unteren Fischbereichen einen möglichst großen Abstand, da der Räuchervorgang so besonders günstig durchführbar ist. Dabei lassen sich z. B. Hornhechte auch ohne den langen „Schnabelkopf" oft noch recht hoch und sicher einbringen.

Kleinere Exemplare bringen Sie so in den Ofen ein, dass Sie sie, um das Austrocknen und Übergaren zu vermeiden, rechtzeitig vor den Größeren, die eine längere Räucherzeit benötigen, entnehmen können.

Garzeit

Wenn Sie den Ofen angeheizt haben, bleibt die Abdeckung je nach Ofentyp noch für etwa 6–10 Minuten ein Viertel oder auch weiter geöffnet, um den von den Fischen bei der Garung abgegebenen Dampf abzuführen. Ist die Abdeckung dann geschlossen, erkennen Sie einen guten Garungsverlauf bei Exemplaren in Portionsgröße daran, dass sich bei ganzen ausgenommenen Fischen die Bauchlappen durch Eiweißfestigung bei 80–95 °C nach etwa 10 Minuten weit aufspreizen, ohne dass die Haut dabei einreißt. Nach weiteren 15–20 Minuten ist die Garung bei nur langsam verminderter Temperatur (75–65 °C) im Regelfall abgeschlossen.

▸ **Kondensatabwehr**

Vor allem in unisolierten Öfen mit Blechabdeckung bildet sich besonders bei geringen Außentemperaturen und hoher Luftfeuchtigkeit unter der Abdeckung Kondenswasser, das auf das Räuchergut tropft und dieses so aufweichen kann, dass z. B. einzelne Fische während der Garung im Zusammenwirken mit dem ohnehin dabei entstehenden Dampf zu weich werden und so trotz guter Vortrocknung aufplatzen oder abfallen. Zudem ist das Kondensat unappetitlich. Ersetzt man die Blechabdeckung z. B. durch saugfähiges raues Holz, Jute oder geeignete Pappe oder bringt dieses Material unter der Blechabdeckung an, ist dieser unangenehme Vorgang recht einfach und weitestgehend vermeidbar.

Rauchphase

Die dann weiter zurückgehende Glut versetzt das dosiert zugegebene Spanmaterial bei gedrosselter Luftzufuhr und weitgehend geschlossenem Abzug in einen Schwelbrand, der den für die Färbung und Aromatisierung notwendigen Rauch spendet. Während dieser Phase kann die Temperatur zwischen ca. 40–50 °C schwanken.

Wer mildes Raucharoma schätzt, lässt den Ofen etwa noch 1–1,5 Stunden qualmen. Wird ein kräftiges Aroma gewünscht, kann die Färbephase besonders bei fetthaltigen und größeren Exemplaren (z. B. Makrele oder Aal) bei möglichst geringen Temperaturen je nach Geschmack bis zu ca. 4 Stunden ausgedehnt werden. Fettarme Fischarten mit geringem Querschnitt wie z. B. Hornhechte sind, um das rasche Austrocknen zu vermeiden, eher kurz aber mit intensiver Rauchbildung zu räuchern.

Da sich die Gesamtdauer des Räuchervorgangs aus dem Brennwert des Holzes, der Fischgröße, der erreichten Hitze im Bereich der eingehängten Fische, dem Isolationsfaktor der Außenwandung, den Außentemperaturen und Windverhältnissen sowie natürlich dem persönlichen Geschmack ergibt, können wir hier keine allgemein gültige Zeitangabe machen.

Neben dieser für viele Ofentypen passenden Grundmethode lassen sich die eigenen Vorlieben sowie das zur Verfügung stehende Gerät und Räuchermaterial situationsgerecht anpassen und vielfältig variieren.

Schaffen Sie sich schon bevor es richtig losgeht eine Möglichkeit, an der Sie später die fertig geräucherten Fische aufhängen können.

Spreizstock

Bei ganzen Fischen ab ca. 500 g kann es günstig sein, die Bauchhöhlen mit zwei bis drei kleinen Stöckchen zu spreizen. So erhalten auch die Innenbereiche das gewünschte Raucharoma.

Garprobe

Lässt sich die Rückenflosse des Fisches leicht herausziehen und ist das dann sichtbar werdende Fleisch ohne glasige Bereiche durchgehend weiß, ist der Flossenträger gar. Bei Fischhälften oder Karbonaden prüft man dies unmittelbar neben der Hauptgräte mit Hilfe einer Messerspitze. Beim Aal soll sich die Haut leicht von den Schnitträndern der Bauchlappen abheben lassen.

Abkühlen

Sind die Fische gar und ausreichend vergoldet, warten wir, von einigen Kostproben abgesehen, so lange mit dem Verzehr, bis die Flossenträger bei verloschener Glut im fast geschlossenen Ofen so weit abgekühlt sind, dass sich Fett und Fleisch gefestigt haben. Dies hat auch den Vorteil, dass das Räuchergut noch nacharomatisiert. Besonders in älteren, häufiger genutzten Öfen mit einer ausgeprägten „Belagpatina", wird die mit Geduld abgewartete Reifezeit viele Kenner mit einem besonderen Genuss belohnen. Zudem lassen sich abgekühlte Fische auch besser ablegen, da sie sich im Gegensatz zu noch warmen Exemplaren weder deformieren noch tritt Fett oder Fleischsaft aus.

Wenn möglich vermeiden wir es, das Räuchergut im Kühlschrank aufzubewahren, da das Klima in diesen Geräten leicht zu einer unerwünschten, mit einer Aromaminderung verbundenen Trocknung und Festigung des Fleisches führt. Lieber nutzen wir daher die Möglichkeit, Fische hängend in unserem im Dauerschatten platzierten, mit entsprechender Be- und Entlüftung versehenen Räucherschrank zu lagern.

Hier haben wir zwei Hechte und einen Wittling mit Spreizstöcken versehen zum Räuchern vorbereitet.

Ein appetitliches Ergebnis – trotzdem schmeckt uns Hecht in Karbonaden noch besser.

Kalträuchern – die Grundmethode

▶ Was heißt „kalt räuchern"? 47
▶ Räuchermittel für das Kalträuchern 49
▶ So raucht es richtig 50
▶ Das Vorbereiten des Räucherguts 55
▶ So wird das Räuchergut eingebracht 56
▶ Genussprobe 58
▶ Fleisch und Wurst im kalten Rauch 59

Was heißt „kalt räuchern"?

Im Gegensatz zum Heißräuchern fehlt bei dieser Methode die Garphase in der Hitze. Nach der fermentierenden „Kaltgarung" durch Zucker und Salz beim Fisch oder der Konservierung durch Salz etwa beim Speck, erfolgt durch die Einwirkung des „kalten Rauches" die Aromatisierung sowie die Steigerung der Haltbarkeit.

In Bezug auf Fisch definieren wir den Begriff „Kaltrauch" so: Die von der Spanglut aufsteigenden Rauchgase innerhalb der Rauchkammer sollten in Höhe des Räuchergutes eine Temperatur von 25 °C nicht überschreiten. Kurzfristige Überschreitungen von 3–4 °C für wenige Minuten richten aber meist keinen Schaden an. In der Praxis heißt das: Die von der Spanglut entwickelte Temperatur sowie der Isolationswert des Ofens, die Außentemperaturen und Windverhältnisse sind hier wichtige Faktoren zum Gelingen.

▶ Wann ist ein Gerät zum Kalträuchern geeignet?

Unsere grobe Faustregel sagt: Entsteht z. B. bei 12 °C Außentemperatur ein Wärmewert von 22 °C in der Rauchkammer, ergibt sich aus der Differenz von 10 °C ein Wert, den wir als „Faktor 10" bezeichnen. Bei z. B. 15 °C Außentemperatur und gleichen Glimmverhältnissen ergibt der Faktor 10 mit der 15 addiert eine Innentemperatur von ca. 25 °C. Somit wäre das Kalträuchern mit diesem Gerät gut möglich. Bedenken Sie, dass sich die maximale Gluttemperatur aus der Menge der glimmenden Späne ergibt. Das bedeutet, dass die Höchsttemperatur abhängig vom Spangefäß, der Spanmenge, dem Heizwert der Späne und dem Isolationswert des Ofens meist erst nach einigen Stunden erreicht wird. Berücksichtigen Sie dies also bei der Bestimmung der Gluttemperatur. Haben Sie sich aber einmal die Mühe gemacht, so wissen Sie zukünftig immer, bis zu welcher Außentemperatur der jeweilige Ofen zum Kalträuchern geeignet ist. Das funktioniert aber natürlich nur, wenn das Gerät nicht zusätzlich durch plötzliche Sonnenwärme aufgeheizt wird oder die Temperatur im Tagesverlauf nicht deutlich ansteigt.

Kalträuchern in der Nacht: Unsere Enkeltöchter warten auf das Ergebnis und backen dazu Brot auf.

Minimum-Maximum-Thermometer

Für den Temperaturtest beim Kalträuchern lassen sich oft die recht preiswerten Digitalthermometer mit Außenfühler für den Hausgebrauch einsetzen. Wird der mit einem Kabel verbundene Sensor in Höhe des Räuchergutes in die Rauchkammer gesteckt, sind Innen- und Außentemperatur zeitgleich auf einem Gerät sichtbar. Zudem ist der während der Nacht jeweils höchste und niedrigste Temperaturwert im Gerät noch am nächsten Tag ablesbar. So kann man erkennen, ob die Höchsttemperatur während der maximalen Spanglutentwicklung eingehalten oder überschritten wurde. Zur Temperaturkontrolle beim Heißräuchern eignen sich diese Haushaltsgeräte im Regelfall aber nicht!

▸ **In kühler Nacht**

Sind die Außentemperaturen am Tage grenzwertig oder stark wechselnd, die Nachttemperaturen aber niedrig, können Sie die Räucherphase einfach in die Nacht verlegen. Ist die Maximaltemperatur mit der vorgesehenen Spanmenge auch dann noch zu hoch, kann ein Versuch mit geringerer, gut gepresster Spanmenge und möglichst einem im Spangefäß eingesetzten Mittelsteg für eine U-förmige Verglimmung (siehe S. 50) Erfolg bringen.

▸ **Wenn es zu warm wird...**

Werden die genannten Temperaturen überschritten, gerät der Fisch, je länger er der zu hohen Temperatur ausgesetzt ist, zunehmend trockener. Dabei flockt das Eiweiß oft aus und die Struktur wird mehr und mehr krümelig. Mit weiter steigender Temperatur geht der Prozess schon bald in eine Warmgarung über, welche das Fischfleisch bei meist krümelig bleibender Oberfläche im Inneren weich gart. Dabei können z. B. eingehängte Filets leicht abfallen. Sollte dies passieren, ist das Kalträuchern zwar misslungen, der Verzehr der Stücke kann aber trotzdem noch interessante Aspekte bringen. So hatten wir einmal beim Erproben eines Gerätes nicht richtig aufgepasst. Statt der gewünschten kalt geräucherten Lachsseite fanden wir das Filet angegart auf der Flammensperre liegend vor. Nach dem ersten Schreck zauberten die Probehappen jedoch positive Züge auf die Gesichter der Testesser und der Abend klang doch noch sehr angenehm aus.

Räuchermittel für das Kalträuchern

Wir bevorzugen hier mit Weide, Buche, Erle und Wacholder die gleichen Holzarten wie beim Heißräuchern. Das Holz wird dabei je nach Ofen- bzw. Gerätetyp und Situation als feines Mehl, mittelgrobe bis grobe Späne oder auch als gehäckseltes Material eingesetzt. Außerdem verwenden wir auch gern Stücke von schimmelfreiem Morschholz der Weide. Und oft peppt ein wenig Wacholder, klein gehackt oder geschnitten, die Spanmischung auf und auch der Fachhandel bietet natürlich die verschiedensten Räuchermittel zum Kalträuchern an.

▸ **Wann welches Material?**

Temperaturtest mit dem Digitalthermometer beim Kalträuchern. Natürlich gehört das Anzeigegerät an eine trockene Stelle, nicht wie hier (für das Foto) auf den Räucherschrank.

In der wärmeren Jahreszeit nutzen wir vor dem Hintergrund der maximalen Gluttemperatur besonders in kleineren Ofentypen das feinere, im Spanbehälter von oben gepresste Mehl, da dieses eine geringere Wärmeentwicklung bringt als grobes Spanmaterial. Nimmt die Außentemperatur ab oder verwenden wir ein größeres Räuchergerät, wird mehr und mehr grobes Material auch mit Wacholder-Häcksel und Morschholz vermischt, da wir das grobe Material günstiger beschaffen können als das feine Mehl. Zudem kann besonders in einem unisolierten Blechofen das Spangefäß und damit die maximale Spanglutmenge im Winter größer sein als in der schon etwas wärmeren Jahreszeit, da die Glutwärme besser nach außen abstrahlt. Kurz gesagt: Je geringer die Außentemperatur und je größer der Abstrahlungswert des Gerätes, desto größer können das Spangefäß und die verwendbare Spanmenge sein. Selbst dicke Stücke im Saft stehender Weidenzweige brachten, auf die Glut der trockenen Späne gelegt sehr intensiven und aromatischen Rauch.

In Gewerbebetrieben werden zum Kalträuchern (neben geheimen Mischungen) oft reine Buchenspäne verwendet. Auch Bekannte von uns nutzen diese Spanart gern. Wir selbst schätzen auch für den Kaltrauch einen möglichst hohen Anteil von Weidenmaterial. Aber über Geschmack lässt sich ja bekanntlich gut oder auch gar nicht streiten.

▶ **Zugwirkung**

Die Zugwirkung des Ofens und die Art des Spanbehälters beeinflussen durch die jeweilige Intensität der Sauerstoffzufuhr die Glimmgeschwindigkeit und somit die Glimm- und Räucherdauer sowie die Temperatur. Um hier auch beim Kalträuchern ein gutes Nutzungsverhältnis zu schaffen, sollten Sie die optimale Justierung der Zugwirkung am eigenen Ofen testen.

So raucht es richtig

▶ **Glimmstarter**

Um den Glimmvorgang des Räuchermaterials zu starten und einen durchgehenden Ablauf ohne „Haareraufen" zu erreichen, sind die nachstehenden Tipps hilfreich.

Zunächst sollte das Spanmaterial möglichst trocken sein, da im Gegensatz zum Heißräuchern keine größere Glutmenge zum Starten des Glimmvorgangs zur Verfügung steht. Bei den vom Handel bezogenen Geräten bringt die Bedienungsanweisung Aufschluss. Bei Geräten der „Marke Eigenbau" oder nicht mehr verfügbarer Bedienungsanweisung verfahren wir gern folgendermaßen:

Lässt die Größe des Gerätes es zu, setzen wir als Spangefäß gern einen 5 oder 10 Liter fassenden Metalleimer ohne Lötstellen, einen alten Kochtopf ohne Plastikteile oder einen möglichst großen ausrangierten

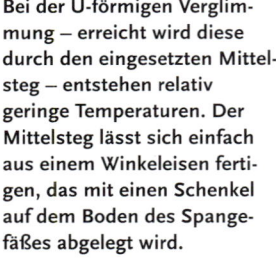

Bei der U-förmigen Verglimmung – erreicht wird diese durch den eingesetzten Mittelsteg – entstehen relativ geringe Temperaturen. Der Mittelsteg lässt sich einfach aus einem Winkeleisen fertigen, das mit einen Schenkel auf dem Boden des Spangefäßes abgelegt wird.

Aschekasten ein. Bei Eimer oder Topf verläuft der Glimmprozess von oben nach unten. Beim Aschekasten ist es möglich, zwischen zwei Abläufen zu wählen. Wird der Glimmprozess in der Mitte des Behälters gestartet, setzt sich der Schwelbrand zu allen Seiten fort. Es entsteht also verhältnismäßig rasch eine intensive Rauch- und Hitzeentwicklung. Beginnt der Glimmprozess an einem Ende des Kastens, entwickeln sich Rauch und Glutwärme langsamer. Dabei wird im Vergleich zum „Mittelstart" eine längere Räucherdauer mit geringerer Wärme- und Rauchintensität erzielt.

Setzt man in einem flachen Spangefäß einen Mittelsteg ein, der an der Griffseite mit dem Behälterblech abschließt und auf der gegenüber liegenden Seite einen Abstand von ca. 6–8 cm zum vorderen Blech des Spankastens aufweist, verläuft der Schwelprozess U-förmig um den Mittelsteg herum, sodass die gesamte Spanmenge deutlich verzögert in Rauch aufgeht. Dies hat besonders in kleineren Geräten mit geeignetem Querschnitt den Vorteil, dass bei recht langer Räucherdauer relativ wenig Wärme entsteht.

Die Berücksichtigung dieser Punkte kann z. B. bei grenzwertigen Außentemperaturen hilfreich sein. Um uns den Glimmstart möglichst bequem zu gestalten, entnehmen wir den Spanbehälter aus dem Gerät und stellen diesen z. B. auf einem Hauklotz ab. Erst nachdem der Glimmprozess richtig in Gang gekommen ist und ggf. die vom Spiritus ausgehenden Geruchsstoffe abgezogen sind, kommt der Behälter in das Gerät und das Räuchern kann beginnen.

Eine ganzflächige Spanlage mit Mittelstart erzeugt höhere Temperaturen.

KALTRÄUCHERN – DIE GRUNDMETHODE

▸ **Glut aus dem Ofen**

Ist das Spanmaterial eingebracht und durch Zusammendrücken verdichtet, bietet sich, v.a. wenn ein Kaminofen in Betrieb ist, ein Stück Holzglut in Größe eines Hühnereies an, das mittig in einer kleinen Mulde auf das Spanmaterial gelegt wird. Führt man dann Späne an die

Dieser Silberkarpfen soll kalt geräuchert werden.

Glut heran und pustet vorsichtig auf die Zone zwischen Glut und Spanmaterial, beginnen die Späne rasch zu glimmen. Vorsicht! Bei zu kräftiger Puste fliegen leicht kleine Glutpartikel aus dem Gefäß. Diese können, da sie am Tage kaum erkennbar sind, rasch ein Loch in die Kleidung brennen oder sonstiges Unheil anrichten.

▸ **Mit Eierpappe und Bierdeckel**

Man faltet einen Bierdeckel oder ein Stück Eierpappe zu einer eckigen Röhre, zündet diese an einem Ende an und steckt sie so mit der glimmenden Seite nach oben in die Späne ein, dass der Innenraum weitgehend spanfrei bleibt. Das Material glimmt nun bis in die Späne hinein und versetzt diese in einen Schwelbrand, der den Rauch erzeugt.

▸ **Mit Spiritus**

Ist mit dem Finger ein kleiner Trichter von ca. 1,5 cm Tiefe in die Späne gedrückt, gibt man in diesen etwa einen Fingerhut voll Spiritus hinein und entzündet den Brennstoff. Räuchern wir mit angemorschtem trockenem Weidenholz, dann benetzen wir es mit etwa der gleichen Menge Spiritus und bringen es so nach dem Entzünden zum Glimmen.

Vorsicht! Niemals Spiritus bei noch vorhandenen Restglutpartikeln in oder an das Räuchermittel geben. Es besteht höchste Brand- und Verletzungsgefahr.

▸ **Mit Kleinholz**

Trockenes Kleinholz (klein und dünn) auf den Spänen entzündet kann ebenfalls ein Glutnest erzeugen. Sie können auch das Kleinholz im Spangefäß anzünden und anschließend das passende Spanmaterial drum herum an- und aufschichten.

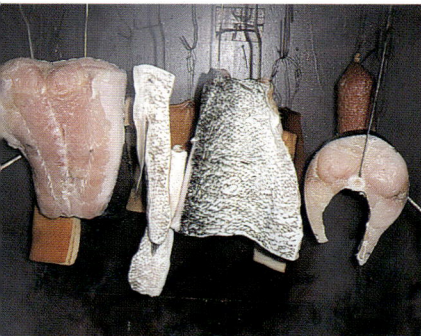
Hierfür haben wir ihn in Stücke geteilt

und ca. 36 Stunden dem kalten Rauch ausgesetzt.

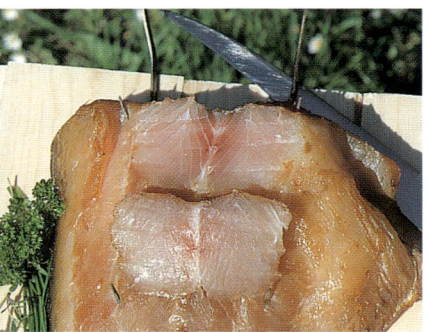
Das Resultat spricht für sich...

Das Vorbereiten des Räucherguts – Fisch

Die Fische werden für das Kalträuchern ähnlich wie beim Heißräuchern geschlachtet und vorbereitet. Wie das geht, lesen Sie ab Seite 12, die Tabelle auf Seite 21 gibt Ihnen einen Überblick über die von uns bevorzugten Schnittformen.

▸ Beizen und Würzen

Um Fischen und Fischteilen Würze und Haltbarkeit zu geben, steht vor dem Räuchern das Beizen an. Der dann folgende Räucherprozess veredelt und ergänzt den Geschmack und verlängert die Lagerfähigkeit. Dabei gilt allgemein: Je höher der Fettgehalt der Fischarten und je dicker die Stücke, desto geschmeidiger und zarter das Ergebnis. Daher wählen wir für diese Zubereitungsart möglichst Exemplare oder Stücke aus, die diesem Grundsatz gerecht werden. So brachten neben den üblichen Lachs-, Forellen-, Herings- und Makrelenfilets die großen Filetstücke eines fast 10 kg schweren, äußerst fetten und sonst oft weniger geschätzten Silberkarpfens auch anderen Testessern unerwartete Gaumenfreuden.

▸ Salz und Zucker

Gebeizt wird in einem Gefäß aus lebensmittelechtem Plastik, Glas oder Steingut, in das der Fisch in gestreckter Form hineinpasst. Es kann natürlich das gleiche Gefäß sein, dass Sie auch zum Pökeln vor dem Heißräuchern verwenden. Der Fischmenge angepasst werden dann Salz und Zucker im Verhältnis eins zu eins sorgfältig miteinander vermischt.

Die wichtigsten Zutaten für das Beizen: Zucker und Salz.

Wir haben die Sache bereits hier schon einmal dadurch gründlich „versiebt", weil wir während des Mischens von einem Telefonat abgelenkt nicht richtig durchmengt haben und beim ersten Kosten des Räuchergutes auf ungleichmäßig gewürzte Zonen stießen. Dieser Patzer kann sich leicht einschleichen, da Zucker und Salz optisch nicht zu unterscheiden sind. Um also lange Gesichter zu vermeiden, lassen wir uns beim Mischen besser nicht mehr ablenken. Auch der Versuch, statt Zucker ein diätetische Süßungsmittel zu verwenden, ist gründlich misslungen, da die Filets nach dem Räuchern kräftig versalzen waren. Um den versalzenen Fisch doch noch gut verwerten zu können, haben wir ihn zusammen mit Brassenfleisch zu leckeren Frikadellen verarbeitet.

▶ **Reingelegt**

Ist der Boden des Pökelgefäßes eben mit der Salz-Zuckermischung bedeckt, werden die Stücke beidseitig mit der weißen Würze bestreut. Die Mischung gründlich auf dem Fleisch verreiben, dann Filets mit der Hautseite nach unten auf den Gefäßboden legen und diese erste Lage mit einer Schicht der Beizmischung bestreuen. So kann man weitere Schichten in das Gefäß geben. Die letzte Lage wird mit der Haut nach oben gelegt, dann alles noch einmal gründlich überstreut und nun das Gefäß mit Folie abgedeckt an einem kühlen Ort – am besten im Kühlschrank – abgestellt.

Auf das Beschweren des Pökelgutes während der Beizung verzichten wir bewusst, da dies nach unserem Geschmack zu viel Fleischsaft aus den Stücken presst. Dies mindert zwar die Haltbarkeitsdauer, erhöht für uns aber den Genuss. Trotzdem haben sich auch die ungepressten Stücke bei entsprechender Lagerung über einige Wochen sehr gut gehalten. Falls Sie doch beschweren wollen, können Sie das natürlich tun.

Geeignete Pökelgefäße sind aus Porzellan, Steingut oder lebensmittelechtem Kunststoff. Hier werden Filets von Makrele und Hering sowie Rogenstränge gebeizt.

▶ **Einwirkzeit**

Fischhälften oder Filets ab ca. 1 kg werden nach etwa 36 Stunden in der entstandenen Lake gewendet und mit dieser benetzt. 12 Stunden später erfolgt eine Spülung mit kaltem Wasser und man lässt die Stücke dann abtropfen und antrocknen.

Werden die im Verhältnis dünnen Filets von Fettheringen, Forellen oder Makrelen mitgebeizt, entnehmen wir diese ca. 4–5 Stunden vor Ablauf der Beizzeit, um sie während der verbleibenden Pökelzeit zu wässern. So gelingen die dünnen Stücke geschmeidiger und zarter als ungewässerte und lassen sich gleichzeitig mit den dickeren Filets in das Räuchergerät bringen.

KALTRÄUCHERN – DIE GRUNDMETHODE

Jeweils zwei Makrelenfilets werden am Schwanzende miteinander verbunden und über einen Stock gehängt. So können sie in den Räucherofen eingebracht werden.

So wird das Räuchergut eingebracht

Auch beim Kalträuchern ist es günstig, das Räuchergut möglichst hoch über der Spanglut mit ausreichend Abstand zueinander und zur Wandung in das Gerät einzubringen. Im Vergleich zum Heißräuchern ist das Einhängen der Fische beim Kalträuchern mit deutlich weniger Risiken verbunden, da das Fleisch nicht durch Hitze weich gart, sondern recht fest bleibt oder wird.

▸ **Spieße, Schlingen etc.**

Filets vom Hering lassen sich gut als Doppelfilets am Spieß oder als Einzelfilets auch an Schnurschlingen einhängen. Der Spieß wird hierbei ca. 2 cm unter der Kopfschnittstelle jeweils einmal durch das dicke Rückenfleisch jeder Hälfte geführt. Einzelfilets von Hering und Makrele umwickeln und verknoten wir ca. 1,5–2 cm vor dem Schwanzende fest mit Schnur oder Bindedraht und bilden dabei eine zum Einhängen geeignete Öse. Man kann auch zwei Makrelenfilets an den Schwanzzipfeln fest mit Schnur verbinden, über einen ca. 2–3 cm dicken kurzen Stock hängen und diesen an einem Schnurbogen einbringen – so wie auf dem Foto links gezeigt. Filets von Lachs oder Meerforelle bis etwa 2 kg werden ca. 2 cm vor dem Schwanzende durchstochen und der letzte Filetzipfel einmal bis zum Loch umgelegt. Nun bringt eine sehr feste etwa vierlagige Wicklung, die die Hälfte des umgelegten „Zippels" mit einbezieht, gut verknotet Halt in die Sache. Anschließend werden beide Schnurenden zu einer Oese verknotet. Hier eignet sich derbe Schnur oder weicher Bindedraht. Kiemenbogen und der Bereich der Brustflossenwurzel werden auch bei den folgenden Methoden nicht entfernt, um besseren Halt zu geben.

Eine weitere Möglichkeit besteht darin, einen Spieß aus Metall oder einen entrindeten Zweig ca. 2–3 cm unter der Kopfschnittstelle durch das Rücken- und Bauchfleisch zu stechen. Nun links und rechts neben dem Filet eine Schnur so anknoten, dass eine Art Henkel entsteht, der zum Einhängen an einen Haken bestimmt ist. Werden Metallspieße gewählt, lassen sich diese auch ohne Halteschnur auf den vorhandenen Ablageprofilen des Ofens einbringen. Zudem kann auch ein Doppelhaken mit untereinander platzierten Haltedornen im Mittelbereich der oberen Filetzone oder der Fischhälfte eingesetzt werden.

▸ **Schön in Form**

Es sieht ja immer lecker aus, wenn die geräucherte Lachsseite schön glatt und eben auf dem Servierbrett abgelegt ist. Wir versuchen dies mit einfachen Mitteln zu erreichen. Mitunter krümmt sich der Bauchbereich der Filets etwas nach innen ein. Hier hilft ein im oberen Bereich der Schnittseite gesetzter U-förmig gebogener Spreizdraht, der so durch Fleisch und Haut gesteckt wird, dass das Stück seitlich eben gestreckt ist.

Lachsfilets kann man unter anderem an einem Spieß oder mittels einer Schnur in den Ofen hängen.

Beim Kalträuchern haben wir schon zahlreiche Filets und Hälften von Wild- und Farmlachsen veredelt und dabei wiederholt festgestellt, dass bei den meist deutlich weicheren Zuchtlachsen einige Fleischsektoren leicht aufreißen können. Verwendet man die genannte „Zippelmethode" zum Aufhängen der Fische, tritt dieser Schönheitsfehler weniger auf. Filetteile, hart gekochte Eier – gepellt und gepökelt – oder andere Kleinstücke können auch auf Gittern eingebracht werden, wobei man die Filetstücke mit der Hautseite nach unten ablegt.

Genussprobe

Nach ca. 14 Stunden Räucherdauer bildet sich bei meist heller Goldfärbung silberner Hautbereiche bereits ein mildes Raucharoma. Wer es kräftiger mag, verlängert die Räucherzeit einfach bis zum gewünschten Ergebnis. Mit zunehmender Räucherdauer und sich verstärkendem Aroma wird das Fischfleisch fester und besonders bei weniger fetten Stücken auch deutlich trockener. Wollen Sie bei einer größeren Fischmenge eine bestimmte Aromastufe erhalten, lassen sich die Stücke am besten vakuumverpackt über Wochen ohne Aromaverlust bei weitgehend gleich bleibender Festigkeit lagern.

Bei Temperaturen unter 12 °C haben wir Filetstücke von fetten Silberkarpfen sowie Fischhälften von Farmlachsen mit belassener Hauptgräte auch schon bis zu drei Wochen im gut belüfteten Gerät gelassen und nur noch jeden dritten Tag für ca. 4–5 Stunden Rauch gegeben. Dabei verminderten Haupt- und Bauchgräten die Austrocknung deutlich. Hatten wir Lust auf Geräuchertes, schnitten wir ein Stück quer zur Hauptgräte ab, das dann mit zwei weiteren einfachen Schnitten von Haut und Gräten befreit wurde. Die verbliebenen Stücke bildeten dann zusammen mit Speck und Wurst einen stets leckeren Vorrat.

Ein leckerer Vorrat reift im kalten Rauch.

Fleisch und Wurst im kalten Rauch

Speck kaufen wir meist schon gepökelt, Wurstwaren bereits geräuchert beim Metzger und räuchern diese unserem Geschmack entsprechend nach. Dabei kann selbst simpler fetter Speck aus einem günstigen Angebot für den Kenner zur Delikatesse reifen. Wird der Speck vor dem Räuchern noch mit zerstoßenen Wacholderbeeren, Paprikapulver oder Koriander, Pimentpulver oder nur mit Curry eingerieben, kann dies zusätzliche Geschmacksaspekte bringen.

▸ **Fleisch und Speck pökeln**

Das Pökeln und Räuchern von ganzen Schinken oder anderen großen Stücken soll hier nicht das Thema sein. Wir beschränken uns auf kleinere Stücke bis ca. 1 kg und reißen das Pökeln nur kurz an.

Wenn Speck oder andere kleinere Stücke vom Schwein doch einmal selbst gepökelt werden sollen, darf die möglichst gleichmäßige Temperatur im sauberen, luftigen und schimmelfreien Pökelraum 12 °C nicht überschreiten. Und natürlich dürfen keine Nager oder Insekten an das Pökelgut gelangen. Auch feste oder flüssige Heizmittel, Gemüse, Obst, Eingesäuertes wie z. B. Bohnen oder Kraut und Obst sind im Pökelraum fehl am Platz. Alles Zubehör muss sehr gründlich gereinigt, ggf. ausgekocht werden. Beachten Sie diese Punkte nicht, kann das Pökelgut leicht verderben. Genau aus diesen Gründen sollten Sie also überlegen, ob Sie nicht einfach bereits gepökelte oder auch geräucherte Stücke beim Metzger kaufen, um diese dann nur noch im eigenen Rauch nach persönlichem Geschmack zu veredeln.

Da das zum Pökeln und Räuchern vorgesehene Fleisch eine bestimmte Beschaffenheit haben muss, die für den Laien nicht erkennbar ist, sollten Sie den Metzger beim Kauf der Stücke um Rat bitten und ihm erklären, was Sie damit vor haben.

„Ob ich wohl auch noch vom leckeren Speck nasche?"

▸ Einsalzen

Fetter Speck wird bei uns nur mit Kochsalz gepökelt. Bei durchwachsenem Speck oder anderen Stücken mit rotem Fleischanteil verwenden wir, um eine rötliche Farbe zu erreichen, spezielles Pökelsalz, in dem Nitrit im richtigen Verhältnis zum Salz eingemischt ist. Dieses Pökelsalz ist meist günstig beim Metzger erhältlich. Vom Einlagern einer größeren Menge ist für den Hobbyräucherer abzuraten, da sich das Nitrit recht schnell abbaut. Außerdem ist es empfehlenswert, noch ca. 10 % Zucker beizumengen.

Wir gehen dann wie folgt vor: Die Fleischstücke gründlich mit der Pökelmischung einreiben und diese dabei auch in alle Falten drücken. Den Boden eines wirklich sauberen Gefäßes aus glasiertem Steingut oder lebensmittelechtem Plastik mit Salz bestreuen. Stücke mit der Schwarte auf den Gefäßboden legen und noch einmal mit Salz bestreuen. Einen passenden Teller auf das Pökelgut legen und dann einen möglichst glatten Naturstein so auf den Teller geben, dass das Fleisch belastet wird. Zum Schluss ein nicht zu fein gewirktes Leinentuch über das Gefäß legen.

Die Stücke dann alle zwei Tage in der sich bildenden Lake wenden. Die Pökeldauer beträgt je nach Dicke der Stücke und Raumtemperatur ca. 2–3 Wochen. Speck wischen wir nach dem Pökeln meist nur ab. Andere Fleischstücke werden gut mit warmem Wasser gespült. Nun kann man das Pökelgut an einer geeigneten Stelle durchstechen, mit einer Halteöse aus ungefärbter Naturfaserschnur versehen und vor Insekten und Staub geschützt an einer luftigen kühlen Stelle zum Trocknen aufhängen. Erst nach dem Trocknen die Stücke evtl. noch mit Zusatzwürze einreiben und dann in die Rauchkammer einbringen.

Gänsekeulen werden zum Kalträuchern trocken gepökelt.

▸ In der Lake

Bei dieser Methode werden die Stücke gründlich mit Kochsalz und Gewürzen wie z. B. gemahlenem Pfeffer, Koriander oder Piment eingerieben, in das Pökelgefäß gelegt bzw. geschichtet und dann mit einer Pökellake aus 100–120 g Salz und 10 g Zucker je Liter Wasser gut bedeckt. Wir kochen die angemischte Lake auf und geben sie dann gut abgekühlt auf das Fleisch. Die Pökelzeit beträgt hier je nach Dicke der Stücke ca. 2 Wochen. Dann mit warmem Wasser gründlich abspülen und wie oben beschrieben weiter verfahren.

FLEISCH UND WURST | 61

Große Gänsekeule aus dem kalten Rauch – wem da nicht das Wasser im Mund zusammen läuft ...

▸ **Räucherzeiten**

Die Räucherdauer richtet sich nach dem Ofentyp, der Intensität der Rauchbildung und dem eigenen Geschmack. Im Regelfall verbleiben Fleisch- und Wurstwaren ca. 3–4 Wochen in der Rauchkammer, wobei die Späne je nach Ofentyp pro Räuchertag 8–14 Stunden milden Rauch liefern sollen. Die Höchsttemperatur darf, denn Sie wollen ja kalt räuchern, 25–28 °C nicht überschreiten.

Bei bereits vorgeräucherten Stücken kann man schon nach drei Tagen an einer Probe naschen. Es ist auch üblich, nach 5–6 Tagen Rauchpausen von 1–2 Tagen einzulegen. Um Feuchtigkeit verdunsten zu lassen, ist es günstig, die Kammer in den Rauchpausen hin und wieder gut zu lüften.

▸ **Aroma versiegeln**

Besonders fettarme Würste und Fleischstücke werden mit zunehmender Räucherdauer durch die damit verbundene Trocknung recht fest. Mögen Sie das nicht so, lassen sich die Stücke wie beim Fisch zum gewünschten Zeitpunkt aus der Rauchkammer nehmen und mit einem Vakuumgerät luftdicht verpacken. So versiegelt, bleiben auch hier Konsistenz und Aroma über lange Zeit erhalten. Einfrieren ist zwar auch möglich, aber weniger günstig. Räuchern Sie deshalb also lieber nie all zu große Portionen auf einmal.

Fleisch und Fisch

Wir haben wiederholt Fleisch und Fisch auch zusammen im kalten Rauch veredelt und dabei keinerlei Geschmacksübertragung von Fisch auf Fleisch und umgekehrt festgestellt.

Einfache Einrichtungen zum Kalträuchern

▸ *Improvisation ist alles 62*
▸ *Räuchern mit der Plane 62*
▸ *Mit Raucherzeuger und Kühlrohr 67*
▸ *Teleofen auf Feuerkammer 69*
▸ *Der Folienofen 70*

Improvisation ist alles

Zugegeben, die folgenden Methoden wirken auf den ersten Blick eher skurril und wir sehen förmlich das Stirnrunzeln vieler Leser vor unseren Augen. Einige schauen womöglich auch im Impressum nach, ob sich dort nicht der Name Münchhausen findet. Wie es mitunter im Leben aber so ist, ergeben sich viele Dinge aus einer unvorhergesehenen Situation. Und so standen auch wir eines Tages vor der Frage: Wie können wir Fisch, Wurst und Speck ohne einen Räucherofen mit gutem Ergebnis und einfachsten Mitteln räuchern? Hier unsere Antworten:

Räuchern mit der Plane

Unter Berücksichtigung der bereits genannten Temperaturfragen haben wir bisher drei Grundmethoden mit einer 4x5 m großen Malerplane sowie eher ungewöhnlichen Utensilien für je ein Grundgestell ausprobiert. Je nachdem, was am einfachsten zu beschaffen ist, lässt sich das Grundgestell entweder mit einer Stehleiter (Aufstellhöhe ca. 1,90 m), einem ausrangierten Angelschirm oder aus 5 Holzstangen mit je 2,5–2,8 m Länge errichten.

Außer einem geeigneten Räucherplatz brauchen sie dann nur

Der Leiterofen ist aufgebaut und mit dem Räuchergut beschickt.

noch so simple Dinge wie einen alten Metalleimer oder Kochtopf oder eine ausrangierte Aschelade, zwei Feudel oder Handtücher, einige Wäscheklammern, Reißzwecken, eine Wäscheleine, Klebeband, Bindedraht und einige Steine oder Grassoden. Alternativ zur transparenten Malerplane lässt sich z. B. auch eine dunkelgrüne besonders haltbare Abdeckplane mit Gewebeeinlage verwenden, die es in Baumärkten zu kaufen gibt.

Ein nicht unerheblicher Vorteil unserer Konstruktionen: Das beim Räuchern entstehende Kondensat läuft durch den Neigungswinkel der Plane an dieser entlang zu Boden und wird so weitestgehend vom Räuchergut fern gehalten. Allerdings sollten Sie wissen, dass sich durch Rauch und Kondensat auf der Gras- oder Bodenfläche ein bräunlicher Belag bildet und der Bewuchs Schaden nimmt – berücksichtigen Sie das bei der Auswahl Ihres Räucherplatzes. Der „Planenofen" ist an einer möglichst windgeschützter Stelle so aufzubauen, dass der Zugang zur windabgewandten Seite zeigt. Diese „Öfen" sind nur einsetzbar, wenn sicher ist, dass durch Wind oder sonstige Einwirkungen weder die Plane einreißen noch das Grundgestell umkippen kann. Außerdem müssen Sie das Spangefäß so kippsicher aufstellen, dass keine Glutpartikel ungewollt aus dem Behälter gelangen können. Gerade bei diesen improvisierten Geräten dürfen Sie die Sicherheit nie außer Acht lassen!

Die Folie wird geschlossen und der kalte Rauch füllt die Kammer.

Das Zwischenergebnis nach ca. 36 Stunden. Das Räuchergut hat schon Farbe bekommen.

Der Schirmofen wird aufgebaut.

Bei geschlossener Plane...

...konnte der Rauch die Fische appetitlich färben.

▶ **Der Leiterofen**

Nachdem die Leiter aufgeklappt und kippsicher aufgestellt ist, wird im oberen Leiterbereich gegenüber dem späteren Zugang eine Leine befestigt, schräg nach hinten gespannt und mit einem Pflock am Boden befestigt. Im Zugangsbereich verankern zwei oben an der Leiter befestigte, etwa im Neigungswinkel der Leiterbeine verlaufende und etwas nach vorn gespannte Leinen das Gestell so am Boden, dass ein gedachter Durchmesser von ca. 1,6 m um die Leiter herum entsteht. Dann belegen Sie die Kanten möglichst mit Tüchern, um zu verhindern, dass die Plane beschädigt wird. Nun die Plane so über Leiter und Seile legen, dass der Zugang zwischen zwei Planenrändern gebildet werden kann. Die Plane ganz um die Leiter legen und am Boden mit Steinen oder Grassoden beschweren. Schon kann das Räuchergut eingebracht werden!

Hierzu legen wir einige vorn und hinten abgerundete Leisten auf den oberen zwei Sprossen ab, hängen die zu räuchernden Stücke mit Haken daran auf und belegen die Leisten mit einem sauberen Tuch oder einem Stück Pappe.

Der Spanbehälter findet gegenüber dem Zugang mit ausreichendem Abstand unter der nach hinten gespannten Leine seinen Platz und befindet sich somit nicht direkt unter dem Räuchergut. Ist der Glimmprozess gestartet, werden die Planenränder im Zugangsbereich eingefaltet und mit Wäscheklammern so verschlossen, dass oben ein kleines Abzugsloch von ca. 2 cm² offen bleibt.

Der Schirmofen

Egal – auch wenn der ausrangierte Angelschirm bereits löchrig ist, lässt er sich für diesen Zweck immer noch nutzen. Wer also das Kalträuchern nach dieser Methode in Erwägung zieht, sollte sich nicht vorzeitig von dem alten Stück trennen. Da ein Sonnenschirm vom Gestell her ähnlich wie ein Angelschirm aufgebaut ist, werden wir sicher irgendwann auch einen solchen Typ einmal testen.

Zunächst bildet ein kräftiger, wirklich fest in den Boden getriebener Pflock, der ca. einen Meter aus dem Boden ragt, die Haltebasis für unseren Schirmofen. Nun den Schirm aufspannen und den Schirmstock an zwei Punkten so mit Klebeband oder Draht am Pflock befestigen, dass sich eine Gesamthöhe von ca. 2,15 m ergibt. Ist die Höhe eingestellt, den Schirm soweit einklappen, dass

Kontrolle – ich bin mit dem Ergebnis sehr zufrieden.

sich der Durchmesser des Schirmdaches auf etwa 1,5 m reduziert. Jetzt etwas Klebeband so unter die Klemmhülse um den Schirmstock wickeln, dass sich der Schirm nicht weiter schließen kann.

Dann die Plane über den Schirm legen und so zurechtziehen, dass sich am Boden ein Innendurchmesser von ca. 1,7 m ergibt. Die Plane ringsherum mit Steinen oder Grassoden beschweren. Um den Zugang offen zu halten, die Planenränder im „Türbereich" einfalten und mit Wäscheklammern fixieren. Zwischen den Speichen des Schirms 15 cm unter dem Schirmdach rundum eine Schnur binden, an die das Räuchergut so eingehängt werden kann, dass es nicht zusammenrutscht.

Ist der Behälter mit den glimmenden Spänen auf dem Boden abgestellt, die Plane im Zugangsbereich nun so zufalten, dass oben eine kleine Öffnung von ca. 2 cm² frei bleibt. Dabei lässt sich aus der Plane über der Öffnung leicht ein kleiner Überstand falten, der wie der gesamte Zugang einfach mit Wäscheklammern fixiert wird. Im unteren Bereich müssen Sie eine kleine Spalte für die Zuluft frei halten.

Auch wenn es regnet oder schneit, kommt kein Niederschlag an das Räuchergut, da die Nässe vom Dach abgehalten wird und der Rauchabzug so gestaltet ist, dass Regen oder Schnee nicht eindringen können. Auch den Schirmofen kann man bei Bedarf noch zusätzlich mit am Boden verankerten Leinen sichern.

Im Blechkessel wird Rauch erzeugt, der abkühlt, während er über das Rohr in die Räucherkammer geleitet wird.

▸ **Der Bohnenstangenofen**

Hier legt man zunächst drei etwa 2,50 m lange Bohnenstangen oder geeignete Latten am Boden so ab, dass sie sich an einem Ende kreuzen. Nun die Stangen im Bereich des Kreuzes so mit einigen Drahtwicklungen verbinden, dass ein Dreibein mit einer Innenhöhe von ca. 2,20 m entsteht. Ist dieses Dreibein aufgestellt, werden oben zwei weitere Stangen im Kreuz angelegt und gemeinsam mit den drei bereits stehenden Stangen so ausgerichtet, dass sich am Boden ein Durchmesser von 1,5 m ergibt. Nun alle Stangen in mittlerer Höhe durch einen Draht oder eine Schnur miteinander verbinden und wenn möglich einige Zentimeter tief im Boden verankern.

Um das Räuchergut aufhängen zu können, wird ein Draht oder eine Schnur etwa 30 cm unter dem Innenkreuz fest um die Stangen gewickelt und gespannt. Nun die Plane um das Gestell legen, am Stangenkreuz umlaufend festbinden, am Boden nach außen umfalzen und mit Steinen oder Soden beschweren. Dann die Plane im Zugangsbereich mit Reißbrettstiften an den Stangen befestigen und so falten, dass die „Tür" nach dem Einbringen des Räuchergutes und des Spanbehälters mit Klammern verschließbar ist.

Überschüssiger Rauch sowie Feuchtigkeit und Wärme ziehen durch das Stangenkreuz nach oben ab. Dabei wehrt ein passender Eimer oder ein ähnliches Gefäß, das über das Stangenkreuz gestülpt wird, Niederschlag ab. Sollte zuviel Rauch durch das Kreuz abziehen, wird die Öffnung mit einem Tuch verkleinert.

▸ **Weiter gedacht…**

Die genannten Methoden sind lediglich als Beispiele zu sehen, da es sicher noch viele andere Möglichkeiten gibt, mit der Plane kalt zu räuchern. So können wir uns auch vorstellen, dass etwa ein ausreichend hoher und stabiler Mittelpfahl oder Stamm als Basisteil dienen kann.

Das Räuchergut wartet auf den Verzehr.

Hier könnte man dann fünf Schnüre in entsprechender Höhe am Pfahl befestigen und um den Pfahl herum so am Boden befestigen, dass dort wieder ein Durchmesser von 1,5 m entsteht. Bindet man die Plane nun oben in entsprechender Höhe um den Pfahl herum und legt diese zeltförmig um die Schnüre, müsste sich nach dem Beschweren der Bodenfalzung mit Steinen oder Soden ebenfalls eine geeignete Einrichtung ergeben. Das Räuchergut könnte dann an langen eingeschlagenen Nägeln oder geeigneten Zweigstücken, die im oberen Bereich um den Pfahl herum mit Draht oder Klebeband befestigt sind, eingehängt werden. Auch diese Möglichkeit werden wir noch testen...

Mit Raucherzeuger und Kühlrohr

Wie kann man, außer mit den üblichen Mitteln, noch kühlen Rauch für das Kalträuchern erzeugen? Wir stellen Ihnen hier eine Methode vor, bei der die intensive Raucherzeugung bei relativ hoher Temperatur in einem separaten Raucherzeuger erfolgt. Im Raucherzeuger und auf dem Weg durch das lange Metallrohr – ca. 2,5 m lang und 10 cm im Durchmesser – soll der Rauch abkühlen und die Rauchkammer mit geeigneter Temperatur erreichen. Hierbei kann auch ein geeigneter handelsüblicher Heiß-Räucherofen die Rauchkammer bilden.

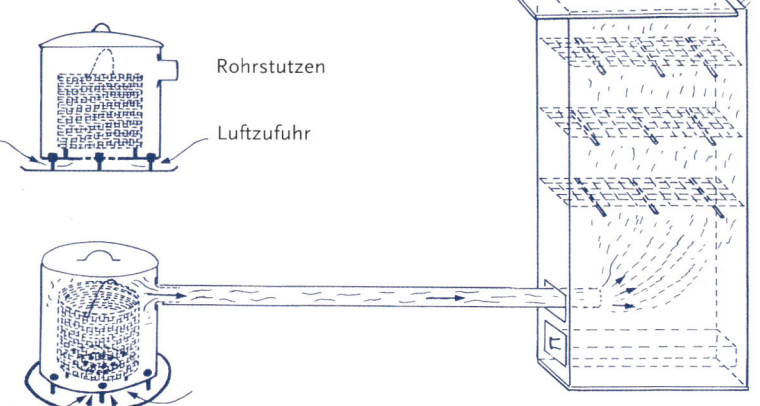

Aufbau der Räucheranlage mit Raucherzeuger und Kühlrohr

Kalträuchern mit Eimer und Aluflexrohr.

▸ Kessel und Rohr

Als Behälter dient ein ausrangierter Waschkessel (50 Liter) mit dicht schließendem Deckel. Ein oben in die Wandung eingebrachtes Loch von 9,7 cm Durchmesser nimmt den Blechstutzen (Baumarkt) für das locker aufsteckbare Rauchrohr auf. Das andere Rohrende mündet in die für die Feuer- oder Aschelade gedachte Öffnung des Räucherofens.

Um eine gute Raucherzeugung und den Transport des Rauches zu ermöglichen, muss für ausreichend Zug gesorgt werden. Dazu wird die Luftzufuhr im Raucherzeuger durch 10–12 im Mittelbereich des Kesselbodens gebohrte Löcher mit etwa 10 mm Durchmesser ermöglicht. Zudem haben wir vier Maschinenschrauben mit 10 mm Durchmesser so mit Hilfe von Muttern am Kessel befestigt, dass „Beine" entstehen, die einen Abstand von 5 cm zum Erdboden gewährleisten. Sie können statt der Schrauben aber auch einfach geeignete Steine unter den Kessel legen. Um auch auf unebenem Boden einen gleichmäßigen Stand zu gewährleisten und gleichzeitig heiße Asche aufzufangen, können Sie einen Tonnendeckel unterlegen. Ein wenig Wasser auf dem Deckel lässt außerdem herabfallende Glutpartikel sofort verlöschen – Sicherheit geht vor!

▸ Spanbehälter

Als Spanbehälter dient ein aus Siebdraht (für Bausand) gefertigter Rundkorb von 30 cm Durchmesser. Die Nahtstelle und der aus dem Siebdraht geschnittene Boden lassen sich durch Umbiegen der beim Schneiden verbleibenden Drahtenden in die Randmaschen hinein verbinden. Ein oben in den Korb eingezogener Ring aus ca. 5 mm starkem Draht und ein klappbarer Griffbügel erleichtern die Handhabung des herausnehmbaren Korbes. Ebenfalls geeignet ist ein entsprechend großer Siebeinsatz aus emailliertem Stahl aus einem ausgemusterten Entsafter. Grobe Hackspäne und Sägespäne sind als Rauchmaterial ebenso verwertbar wie frische Zweige. Die Zugwirkung ist durch die Regelung des Abzuges am Räucherofen steuerbar. Eine einfache, auf den Luftlöchern des Kesselbodens durch einen nach außen geführten Draht verschiebbar gehaltene Blechplatte kann außerdem zur Regulierung des Luftabzuges beitragen. Natürlich hat auch der Fachhandel verschiedene separate Raucherzeuger im Programm.

▸ **Mit Eimer und Aluflexrohr**

Stellt man statt des Korbes einen 10 Liter fassenden Metalleimer in den Raucherzeuger und füllt diesen mit Spanmaterial, bleibt die Hitze geringer als bei der Korbmethode mit dem groben Räuchermaterial. So hatten wir z.B. bei 14 °C Außentemperatur im Kessel 95 °C und in der Rauchkammer den günstigen Wert von 18–19 °C. In diesem Fall reichte statt des langen Kühlrohres von 2,5 m ein nur 1 m langes Stück Aluflexrohr aus dem Baumarkt. Als Rauchkammer war hier auch ein einfacher Teleskop- oder Schachtofen geeignet.

Teleofen auf Feuerkammer

Ein Teleofen (vgl. S. 92) wird bündig auf der Feuerkammer eines alten Badeofens aufgesetzt, dann kann das Räuchergut in die Rauchkammer eingebracht werden. Nun wird die Aschelade mit den glimmenden Spänen in die Aschekammer eingeschoben, die Feuerlade aus dem Teleofen entfernt und die frei werdende Öffnung mit einer passenden Blechdose verschlossen. Den Ofen mit einer rauen Holzplatte bis auf einen kleinen Spalt abdecken. Steht keine solche Holzplatte zur Verfügung, legt man zur Minderung der Kondensatbildung einen sauberen trockenen Feudel unter den üblichen Blechdeckel und steckt das Thermometer in die Abdeckung. Nun wird die Tür der Feuerkammer geschlossen und der darin befindliche Lüftungsschieber nur wenig geöffnet.

Da an unserem Gerät die Aschlade fehlt, haben wir eine Ersatzlade aus starkem Drahtgeflecht und einigen Lochblechstücken gebastelt. Eine Mischung aus mittelgroben und feinen Spänen mit zerkleinerten Wacholderzweigen brachte für ca. 3,5 Stunden Rauch. Wir hatten so bei einer Außentemperatur von −2 °C in der oberen Rauchkammer eine Temperatur von 7 °C. Da der Feudel viel Feuchtigkeit aus der Kammer aufgesogen hatte, zeigte das Räuchergut eine recht trockene Oberfläche.

Kalträuchern im Teleofen auf einer Feuerkammer. Das Tuch unter dem Deckel saugt Kondensat und unerwünschte Feuchtigkeit aus der Rauchkammer.

Der Folienofen

Ein sehr gutes Provisorium ist auch ein mit Grillfolie umlegtes Gestell aus Holzstangen.

Im Supermarkt fanden wir reißfeste Wabengrillalufolie (45 cm breit, 10 m lang), eine Rolle Klebeband, eine Packung Pinnwandstifte, ein Einsteckthermometer für den Backofen sowie eine Rolle farbfreien Bindedraht (1 mm dick).

Um die geraden Holzstangen zu erhalten, sägten wir diese, nach Genehmigung eines Bauern aus dessen Knick. Da wir im Urlaub hin und wieder an geeigneten Stellen gern am Lagerfeuer sitzen, führen wir stets ein Beil sowie eine kleine Säge mit. Weiterhin sind lediglich 4 ca. 10 cm lange Nägel, eine übliche Kombizange mit Kneifbacken aus dem Werkzeugkasten des Autos sowie ein Maßband erforderlich. Ist alles beschafft, kann der Aufbau beginnen:

Hierzu spalten wir zwei ca. 4–5 cm dicke, 37 cm lange Holzstecken mittig der Länge nach mit dem Beil. Diese nageln wir dann mit den vier Nägeln auf dem Grasboden so zusammen, dass ein Rahmen mit den Außenmaßen 37x37 cm entsteht. Dabei sollten die Nägel einige Zentimeter hervorschauen. Und so geht es weiter: Nachdem man einen geeigneten windgeschützten Platz gefunden hat, wird der Rahmen auf den Boden gelegt und die Einschlagpunkte für die vier Gerüststangen so markiert, dass der Rahmen später oben passend auf die Gerüststangen mit den hervorschauenden Nägeln fixiert werden kann. Dann werden mit einem ca. 50 cm langen, 4 cm dicken, unten spitz zugeschnittenen Schlagstock an den vier Markierungspunkten ca. 10 cm tiefe Löcher in den Erdboden geschlagen.

Die Utensilien zum Aufbau des Folienofens liegen bereit.

Als Hammerersatz nutzen wir gern die Flachseite des Beils. Die vier ca. 4 cm dicken Gerüststangen nun unten mit dem Beil anspitzen und oben so gerade absägen, dass die Stangen eine Länge von 1,65 m erhalten. Nachdem die Stangen in die vorbereiteten Löcher gesteckt sind, diese mit der Flachseite des Beils möglichst im Lot, so auf etwa 15 cm Tiefe einschlagen, dass der obere Rahmen waagerecht aufgenagelt werden kann. Um den Stand etwas zu festigen, den Boden um die Gerüststangen herum mit der Flachseite des Beils festklopfen oder mit den Füßen festtreten.

Nur noch wenige Handgriffe bis zum fertigen Gestell.

    Wickelt man dann jeweils eine doppelte Lage der Grillfolie so um die vier Gerüststangen, dass die Folie vom Boden aus 45 cm nach oben weist, wird das Verbrennen der Gerüststangen weitestgehend vermieden.

    Um die Auflage für die Räucherspieße zu schaffen, wird ca. 8 cm unterhalb des oberen Rahmens mit dem Bindedraht so ein Auflagegitter um die Gerüststangen gebunden, dass der Draht innerhalb der Stangen fest verläuft und die Einhängespieße waagerecht darauf abgelegt werden können, ohne dass die Folienwand beschädigt wird. Zwei weitere Mittelstege aus dem Draht, zwischen die umlaufende Auflage gebunden, optimieren die Einhängemöglichkeiten. Ist das Räuchern in Etagen

So sieht das fertige Gestell, hier sogar schon mit Räuchergut, aus.

vorgesehen, wird eine zweite Auflage den Fischlängen entsprechend tiefer gesetzt. Anschließend 45 cm über dem Boden eine gleiche Drahtauflage für die Flammensperre binden. Wenn gewünscht 8 cm über dieser Wicklung eine weitere gleicher Art zur Aufnahme einer Fettauffangschale schaffen. Jetzt für die Flammensperre zwei ca. 1,5 cm dicke, 27 cm lange Stöckchen schneiden und so in die Folie einrollen, dass diese auf beiden Längsseiten einen festen Rand bilden. Diese Sperre sollte jetzt 27 cm lang und 24 cm breit sein. Sie wird so auf das untere Ablagegitter gelegt, dass zu allen Seiten ein etwa gleicher Abstand zu den Außenseiten verbleibt.

Die Fettauffangschale wird nun mit den gleichen Maßen wie die Flammensperre gefertigt. Zusätzlich hier noch die Folienränder der 24 cm breiten Stirnseiten so ca. 1 cm nach oben falzen, dass eine flache Schale entsteht. Diese Schale mittig über die Flammensperre auf den Drahtrahmen legen. So verhindert der Zwischenraum zwischen Flammensperre und Fettauffangschale weitgehend das Verkokeln des von den Fischen abtropfenden Fettes.

▶ **Der Folienmantel mit „Rauchkammer- und Feuerraumklappe"**

Nachdem das Gerüst steht, beginnen wir mit dem Anbringen des Folienmantels an der Rückseite. Hierzu die Folienrolle auf den oberen Rahmen legen und die Folie so weit nach unten abrollen, dass diese ca. 10 cm nach außen weisend auf dem Boden aufliegt. Nun die Folie mit den Pinnwandstiften an den hinteren Gerüststangen fixieren. Jetzt die Folie oben so abschneiden, dass sie ca. 12 cm über den Rahmen weist. Diesen Folienbereich nun um den hinteren Steg des oberen Rahmens nach innen falzen. Jetzt die beiden Folien an den Seiten ebenso anbringen und über die hintere Folie lappen lassen. Dazu die Pinnwandstifte der Rückwand entnehmen und durch die jetzt doppelt liegenden Folienbereiche stechen. Zum Fixieren der Folien lässt sich besonders im Bereich der Gerüststangen auch Tesafilm einsetzen.

Nun ca. 50 cm über dem Boden eine Folienbahn waagerecht um alle Wandungen führen und auf der Rückseite mit Stiften befestigen. Anschließend die Vorderseite des Gestells wie die vorher belegten Seiten mit einer Folienbahn versehen und diese oben fest um den Steg des Rahmens falzen. Zwei Drahtbindungen, ca. 60 cm und 1 m über dem Boden, um Folien und Gerüststangen gelegt, bringen, nachdem sie hinter der Rückwand stramm zusammengedreht sind, zusätzliche Festigkeit.

Sind dann noch die auf dem Boden aufliegenden Folienbereiche der Rückwand und der Seiten mit frischen Grassoden oder Erde, Sand oder Steinen belegt, ist noch die Abdeckung sowie die Beschwerung der Vorderfolie im Bodenbereich vorzunehmen.

Durch die zwei waagerecht umgelegten Drähte ist die vordere Folie nun so ausgestattet, dass sie sich im oberen Bereich als „Rauchkammerklappe" nach unten – und im Feuerungsbereich als „Feuerraumklappe" nach oben öffnen und schließen lässt.

Der beim Aufstellen des Gestells verwendete 50 cm lange Schlagstock kann dabei als Stütze zum Aufhalten der „Feuerraumklappe" oder zum Beschweren der geschlossenen Folie durch Auflegen auf den unteren, nach vorn weisenden Folienbereich genutzt werden.

Das Feuer ist entzündet, nun kann es losgehen.

▶ **Die Folie waagerecht anbringen**

Mit Ausnahme der Frontseite kann die Folie auch waagerecht angebracht werden.

Dabei die erste Folienbahn mit einem Ende unten um eine der beiden vorderen Stangen falzen. Die Folie so anlegen, dass ca. 10 cm der Bahn auf dem Boden aufliegen.

Nun die Folie straff und waagerecht um die Gerüststangen führen und an der zweiten Frontstange fest anfalzen. Die Frontseite bleibt vorerst geöffnet. Die zweite Bahn nun so anlegen, dass diese die untere Folie ca. 10 cm überlappt. Dabei die Endbereiche der Folie wieder um die vorderen Gerüststangen falzen. Auch die drei weiteren Folienbahnen werden so überlappend befestigt. Dann den überstehenden Bereich der oberen Folienbahn so um den Abschlussrahmen falzen, dass die drei Seitenwände oben geschlossen sind. Nun wird die Frontseite wie bereits oben beschrieben so angelegt, dass eine Rauchkammer- sowie Feuerraumklappe vorhanden ist. Um das Gestell ausreichend mit Folie belegen zu können, reicht bei den angegebenen Maßen des Gestelles eine übliche Folienrolle (45 cm x 10 m) eben aus. Wir empfehlen jedoch, um Reserve zu haben, immer zwei Rollen.

Hier ist ein blaues Tuch als Abdeckung zu sehen.

▶ **Mit Tuch oder Pappe**

Die einfachste Art, die obere Öffnung abzudecken, besteht darin, drei Stöckchen auf den oberen Rahmen zu legen und darüber ein Tuch aus Naturfasern so zu platzieren, dass möglichst wenig Rauch entweicht. Alternativ kann man auch farbfreie Pappe oder Brettchen auflegen.

Nachdem diese Vorbereitungen getroffen sind, gilt es die gesäuberten Flossenträger mit der richtigen Salzung zu würzen und deren Haltbarkeit zu verlängern. Besonders gern wenden wir das einfache Nasssalzen in der Lake an. Hierzu werden die ausgenommenen und gut gesäuberten Fische für ca. 8–10 Stunden in eine Lake aus kaltem Trinkwasser und darin gründlich aufgelöstem Kochsalz gelegt (z. B. pro Liter Wasser 60–65 Gramm Salz). Der genaue Ablauf ist auf den Seiten 22–27 beschrieben.

DER FOLIENOFEN 75

Einhängen und Herausnehmen der Räucherware geschieht auf die gleiche Weise.

- **Das Einhängen der Fische**

Zum Einhängen der Fische verwenden wir gern ca. 1–2 cm dicke Stöckchen von fester Struktur. Diese werden so auf Länge geschnitten, dass sie auf die oben gebundenen Ablagedrähte passen, ohne die Folie zu beschädigen. Näheres zum Einbringen der Flossenträger, auch mit improvisierten Mitteln, ist bereits auf den Seiten 29–35 beschrieben.

- **Holz, Zweige und Späne**

Zum Garen und Räuchern schauen wir uns nach geeigneten Ästen und Zweigen von Buche, Erle oder Weide um. Einige Wacholderzweige bringen zusätzliche Würze. Auch schimmelfreies Morschholz von hohlen Kopfweiden verwenden wir sehr gern. Stehen geeignete Späne der

Der Folienmantel ist angelegt und die Fische trocknen bei schwachem Feuer und leichter Rauchbildung.

genannten Holzarten zur Verfügung, nutzen wir auch diese, da Temperatur und Rauch mit diesen Mitteln einfacher regelbar sind.

Näheres zum Thema Räuchermittel finden Sie auf den Seiten 36–41.

▸ **Feuer und Rauch**

Ganz wichtig ist das Bereitstellen eines Gefäßes mit Wasser sowie ein belaubter Zweig, der, in das Wasser getaucht, zum Abdämmen ungewollt auflodernder Flammen dient. Noch besser ist hier jedoch eine übliche wassergefüllte Handsprühflasche, deren Strahl punktuell und gut dosiert auf die kritische Feuer- bzw. Glutzone gerichtet werden kann.

Wir beginnen ohne obere Abdeckung mit einem kleinen Feuerchen am Boden der Feuerkammer. Dabei sollte ein Abstand von 5–6 cm zu den Folienwänden eingehalten werden. Wenn das Material richtig brennt, etwas dickeres kurzes Holz nachgelegen.

**Die Fische nehmen bereits eine leichte Goldfärbung an.
Das Zwischenergebnis nach knapp zwei Stunden Räucherzeit…**

Sind die Flammen dann langsam zurückgegangen, die „Rauchkammerklappe" öffnen und die bereits mit Küchenpapier abgetupften Fische mit ausreichendem Abstand zueinander und zu den Folien einhängen. Nun die „Rauchkammerklappe" schließen. Die obere Öffnung bleibt zum Abzug der von den Fischen abgegebenen Feuchtigkeit während der Trocknungsphase offen. Der große Vorteil dieser Methode besteht darin, dass Fliegen während der Trocknung durch den nur schwachen Rauch und die geringe Wärme von den Fischen ferngehalten werden.

Ist die Haut der Flossenträger bei minimalem Feuer nach ca. 15–20 Minuten angetrocknet, auch die obere Abdeckung etwa zur Hälfte schließen und ggf. etwas Kleinholz nachlegen.

Nach weiteren 10 Minuten die Abdeckung bis auf einen Spalt schließen und das Thermometer mit dem Sensordorn zwischen dem oberen Rahmen und der Abdeckung einstecken. Bei leichter Tuchabdeckung

...und hier noch einmal aus der Nähe.

Es ist vollbracht, gar und lecker vergoldet sollen die Fische vor der zünftigen Mahlzeit noch abkühlen.

zum besseren Halt des Thermometers einen kurzen dicken Stock im Bereich des Sensordornes auf die Abdeckung legen.

Nun vorsichtig soviel Holz nachlegen, dass die Temperatur langsam auf 70–90 Grad ansteigt. Spätestens nach 8–10 Minuten haben sich die Bauchhöhlen der Fische wie gewünscht aufgespreizt. Dann morsches Weidenholz, kleingehackte belaubte Zweige und wenn vorhanden, auch etwas zerkleinerten Wacholder oder Späne auf die Glut geben.

Nun entwickelt sich wie gewünscht kräftiger aromatischer Rauch. Besonders der Einsteiger sollte jedoch wachsam sein und aufpassen, dass das Feuer nicht zu kräftig auflodert (ggf. mit nassem Zweig oder Sprühflasche abdämmen). Nach weiteren 10–15 Minuten kann sich die Temperatur zwischen 40–60 Grad einpendeln. Wenn die Rauchentwicklung nachlässt, wieder zerkleinertes Material oder Späne nachgeben und auf zu starke Aufflammungen achten.

Bei dieser Methode gelang es auch neben Makrelen, Hornhechten, Flundern, Barschen und Forellen, fette Heringe und Aale, bedingt durch die Höhe des Gestells in Verbindung mit der Flammensperre und Fettauffangschale, mit gutem Erfolg heiß zu räuchern. Die Räucherdauer richtet sich natürlich nach dem persönlichen Geschmack.

Wir mögen es meist schon etwas kräftiger und lassen die „Goldstücke" gern 3–4 Stunden in der provisorischen Räucherei. Nachdem die Leckereien dann in der Rauchkammer bis zur Fleischfestigung abgekühlt sind, folgt der rustikale Schmaus.

▶ **Kalträuchern**

Auch wenn Sie Appetit auf kalt geräucherten Lachs, auf Meerforelle oder nachgeräucherter Wurst und Speck haben, bitte sehr, auch für diese Räuchermethode ist unser Provisorium gut geeignet.

Das Vorbereiten und Beizen sowie das Einhängen der Fische bzw. Fischhälften ist auf den Seiten 54–61 beschrieben.

Beim Kalträuchern soll die Temperatur im Gerät +25 Grad ja nicht überschreiten. Um dies bei geeigneten Außentemperaturen (bis ca. +12 Grad), bei möglichst langer Glimmdauer zu erreichen, wird aus der, auch für den Folienmantel verwendeten, kräftigen Grillalufolie eine Glimmschale gebastelt. Ansonsten ist das Gerät wie beim Heißräuchern ausgestattet.

Die aus doppelt gelegter Folie gefalzte Schale (L 30, B 25, H 4–5 cm) nimmt die Späne und / oder das zerkleinerte morsche Weidenholz auf. Um die Temperatur möglichst gering zu halten und die Räucherzeit zu verlängern, wird ein ebenfalls aus der Folie gefalzter Mittelsteg in Winkelform mit einem Schenkel mittig in Längsrichtung auf den Schalenboden gesetzt. Dabei verbleibt, um die U-förmige Verglimmung zu ermöglichen, zwischen dem einen Winkelende und der vorderen Schalenwand ein Abstand von ca.

Hälften von sogenannten Lachsforellen sowie Speck und Wurst sind eingehängt.
Zwischen 15 und 17 Grad liegen wir im günstigen Temperaturbereich.

6–7 cm. Steht eine der üblichen gerippten und gelochten Alu-Grillschalen zur Verfügung, kann diese zur Stabilisierung unter die gefalzte Glimmschale gesetzt werden.

Sind die trockenen Späne ca. 4 cm hoch um den Mittelsteg herum in der Schale verteilt, werden diese an einem Eckpunkt neben dem Mittelsteg zum Glimmen gebracht. Näheres z. B. zum Glimmstart finden Sie auf den Seiten 47–53. Das Einhängen ist bereits auf den Seiten 56–57 beschrieben. Um die Temperatur möglichst gering zu halten, das Gestell möglichst an windgeschützter Stelle mit Dauerschatten aufbauen und hin und wieder auf das Thermometer schauen.

Wenn sich der Rauch entwickelt, einfach die Abdeckung sowie Feuerraum- und Rauchkammerklappe schließen und vom späte-

Die Späne glimmen in der mit einem Mittelsteg ausgestatteten Spanschale.

Es kann angerichtet werden.

ren Genuss träumen. Die Räucherdauer richtet sich auch hier nach dem persönlichen Geschmack und kann je nach erzielter Rauchintensität ca. 2,5 bis 4 Tage betragen.

Ist die Folienräucherei aufgebaut, kann man diese über Wochen und Monate nutzen. Dabei ist die Folie je nach Windeinwirkung natürlich hin und wieder zu ersetzen.

Sorgfalt schützt vor Bränden

Da es sich bei unserem Provisorium um keinen festen Ofen handelt, ist zu bedenken, dass die Folie durch stärkere Windeinwirkung einreißen kann. Dann ist es möglich, dass auch Glutpartikel herauswehen. Um Brandschäden zu vermeiden, sind daher die kommunalen, auch bei einem Lagerfeuer gültigen Sicherheitsvorschriften einzuhalten. Dazu gehört z. B. das Aufstellen an einer zugelassenen windgeschützten Stelle, ausreichender Abstand zu brennbaren Stoffen (auch trockenes Laub und Gras), das Bereithalten von Löschmitteln wie Wasser und / oder Sand sowie das Beaufsichtigen des Räuchervorganges auch beim Kalträuchern.

Wenn Sie diese Sicherheitstipps befolgen, sollte sich einem unbeschwerten Räuchervergnügen nichts in den Weg stellen.

So sieht ein „gedeckter Tisch" aus!

Räucheröfen – vom kleinen Kasten bis zum großen Schrank

- *Kompakte Kästen – klein und schnell* 82
- *„Smokyletten" vom Brassen – lecker aus dem Kompaktgerät* 84
- *Räuchern im Entsafter* 88
- *Gold vom Kuppelgrill* 90
- *Teleskopofen für Aale & Co.* 92
- *Räuchern in der Tonne* 94
- *Zwischen Tür und Angel – Räuchern im Schrank* 98
- *Bastlers Räucherschrank* 102

Kompakte Kästen – klein und schnell

Wer klein anfangen möchte, findet mit einem Kompaktgerät einen schnellen, einfachen und recht preiswerten Zugang zum Heißräuchern. Stellt sich dann nach den ersten Erfolgen der Wunsch nach einem größeren Gerät ein, um mehr oder auch längere Fische hängend im Ganzen zu räuchern, lässt sich der kleine Kasten immer noch recht gut für schnell bereitete kleinere Portionen, auf Reisen oder zum Zubereiten von besonderen Leckereien nutzen.

Wir probieren gerne alles aus! Hier testen wir verschiedene Kompaktgeräte, einen Teleofen und einen kleinen Räucherschrank.

▶ Große Auswahl

Der Handel bietet Geräte mit einem Fassungsvermögen von zwei bis etwa acht Forellen in Portionsgröße aus unterschiedlichen Materialien an. So stehen z. B. Ausführungen aus hochwertigem, langlebigem und pflegeleichtem Edelstahl für den gehobenen Anspruch ebenso zur Verfügung wie solche aus emailliertem oder brüniertem Stahlblech.

▶ Vorteile der kleinen Kästen

Während das übliche Heißräuchern in größeren Geräten zwischen einer und vier Stunden dauern kann, ist die Mahlzeit im Räucherkasten schon nach etwa 10 bis 30 Minuten verzehrfertig zubereitet. Da hier Hitze und

Rauch gleichzeitig auf das vorbereitete, auf einem Gitter abgelegte Räuchergut wirken, gart dieses, ohne abfallen zu können, rasch durch und nimmt in relativ kurzer Zeit eine schöne Färbung und ein kräftiges Raucharoma an. So gelingt auch dem Einsteiger das einfache Räuchern von Fischteilen wie Filets oder Karbonaden mit möglichst belassener Haut. Und auch andere Spezialitäten stehen rasch auf dem Tisch.

Gut gelungen: Bückling aus dem Kompaktgerät.

▸ **So funktioniert's**

Grundsätzlich sind die Geräte nach beiliegender Gebrauchsanweisung zu betreiben. Ist diese abhanden gekommen, lässt sich bei vielen Geräten wie folgt verfahren:

Sind die gesalzenen und evtl. auch gewürzten Fische bzw. Fischteile leicht angetrocknet, wird der Geräteboden im Regelfall 5 mm hoch mit Räuchermehl bestreut. Steht keines zur Verfügung, lassen sich auch Sägespäne von geeigneten Holzarten verwenden. Grobe Späne füllt man etwa 1 cm hoch ein.

Nun das Räuchergut auf dem Gitter mit Abstand zueinander und zur Wandung über dem Tropfblech ablegen. Wir legen gern eine Bahn Alufolie auf Tropfblech oder Späne. Wenn der Deckel geschlossen ist, werden je nach Modell der oder die Spiritusbrenner auf dem zugehörigen Untergestell entzündet und der Rauchkasten darauf abgestellt.

Anfangs bleibt der Deckel für etwa 2–3 Minuten einen Spalt breit (ca. 2 cm) geöffnet. So kann Dampf abziehen und auch die während der Anfangsglimmphase entstehenden Bitterstoffe aus dem Räuchermaterial gelangen weniger an den Fisch. Unterlässt man das anfängliche Öffnen des Deckels, werden die Stücke unter Raucheinwirkung eher so gedämpft, dass Hautbereiche leicht einreißen oder aufplatzen. Zudem gerät das Räuchergut so auch meist recht scharf.

Die Gar- und Rauchphase nach dem Schließen des Deckels wird vorrangig von der Dicke der Stücke, dem erreichten Hitzewert und der gewünschten Intensität des Raucharomas bestimmt. Steht das Gerät windgeschützt, reicht jedoch meist eine Befüllung mit Räuchermaterial und Spiritus aus. Um Brandunfälle zu vermeiden, muss das Gerät auf einer feuerfesten Unterlage mit ausreichend Abstand zu brennbaren Stoffen betrieben werden. Es ist weiterhin sehr wichtig, die Brennstoffbehälter nicht zu weit aufzufüllen, da sich die Flüssigkeit durch die Hitze ausdehnt und dann über den Rand treten kann. Lesen Sie vor dem ersten Einsatz Ihres Gerätes also unbedingt die mitgelieferte Gebrauchsanweisung genau durch!

Ein solcher Wok kann wunderbar „zweckentfremdet" und zum Räuchern eingesetzt werden.

„Smokyletten" vom Brassen – lecker aus dem Kompaktgerät

Frisch gebratene Fischfrikadellen stehen als eher bodenständige Speise nicht nur bei vielen Angelfreunden recht hoch in der Gunst. Im aromatischen Rauch eines einfachen Kompaktgerätes vergoldet, statt in der Pfanne gebrutzelt, bilden sie für uns jedoch ein besonderes Schmankerl.

Lässt sich so doch sogar das sehr schmackhafte, aber grätenreiche Fleisch der Brassen, mit leckeren Zutaten gewürzt, auch geräuchert weitestgehend grätenfrei genießen.

Ein weiterer Vorteil besteht darin, dass neben den stets vorteilhaften großen und fleischigen Exemplaren, auch kleinere und mittelgroße Fische sinnvoll verwertbar sind. Dabei lassen sich z. B. Plötze, Döbel, Güster und Rapfen jeweils für sich oder miteinander kombiniert verarbeiten.

Ob es eine solche Zubereitungsart bereits gibt, ist uns bisher nicht bekannt. So stand ein passender Name für diese Spezialität noch aus. Nach einigen Überlegungen und etlichen daraus resultierenden Lachern einigten wir uns nicht ohne zu schmunzeln auf die Bezeichnung „Smokylette".

Zum Räuchern ist ein einfaches, z. B. mit zwei Spiritusbrennern beheiztes Kompaktgerät in Kastenform, etwas Räuchermehl (Buche) sowie ein wenig Alufolie ausreichend.

Wir haben unterschiedliche Rezepturen ausprobiert und dabei z. B. statt Senf, Meerrettich aus dem Glas, Kapern oder Tomatenmark beigemischt. Hier sind je nach persönlichem Geschmack sicher noch etliche Varianten möglich.

Zutaten für 6 Smokyletten
500 g enthäutetes Filet z. B. vom Brassen
2 Scheiben Toastbrot
4 El Paniermehl
Würfel von 60 g durchw. Speck
1 Ei
1 Tl Senf (mittelscharf)
3 mittelgroße Zwiebeln
1/2 Apfel
50 g Gewürzgurke
3 El Schnittlauch oder Petersilie
4 El Zitronensaft
1 Tl Salz und 1/4 Tl Pfeffer (schwarz, gemahlen)
2 El Speiseöl

Die wesentlichen Zutaten liegen bereit.

Bei einem Rezept nur mit Filet, Salz und Zitronensaft ergab sich eine eher trockene und leicht krümelige Konsistenz, da im Vergleich zur obigen Rezeptur deutlich mehr Fleischsaft beim Räuchern austrat und sich in der Folienschale sammelte.

Jetzt aber ran an die „Buletten"

Den gesäuberten Fisch gut spülen, filetieren, enthäuten und, von sichtbaren Gräten befreit, in ca. 3x3 cm Stücke schneiden.

Den vom Kerngehäuse befreiten Apfel, gepellte Zwiebeln, Toastbrot sowie Gewürzgurke grob zerschneiden.

Die Petersilie bzw. den Schnittlauch spülen und grob hacken. Diese Zutaten sowie die Speckwürfel miteinander vermengen und anschließend zweimal durch die feine Scheibe des Fleischwolfes drehen bis eine feine Masse entsteht.

Das Ei, den Senf, Zitronensaft, Salz, Pfeffer sowie das Paniermehl gründlich in die durchgedrehte Masse einkneten und diese kühl stellen.

Das Räuchergerät einrichten

Ist das Räuchermehl letztendlich gleichmäßig, ca. 5 mm, auf dem Boden des Rauchkastens verteilt und die Sperrbleche darübergesetzt, wird das Räuchergitter eingebracht.

Nun ist ein Stück Alufolie so zu falten, dass ein umlaufender Abstand von ca. 1 cm zur Wandung des Rauchkastens für den Rauchdurchlass frei bleibt. Dabei ist ein umlaufender, nach oben weisender Randfalz so zu bilden, dass eine flache Schale entsteht. Diese Schale wird nun mittig auf das Gitter gelegt und oben mit Speiseöl bestrichen.

Der Spiritus in den Brenndosen ist entzündet.

Die ausgeformten „Smokyletten" sind auf der Folienschale im Rauchkasten abgelegt.

Jetzt entwickelt sich kräftiger, aromatischer Rauch.

Goldbraun locken die „Smokyletten", es darf angerichtet werden.

Sind dann die Smokyletten (Ø ca. 8 cm, Höhe 2 cm) ausgeformt, kommen diese im gleichen Abstand zueinander und zum Folienrand auf die Aluschale.

Nun die beiden im Untergestell des Gerätes befindlichen Brenndosen zu max. ³/₄ mit Spiritus füllen und diese vorsichtig anzünden.

Ist dann der Rauchkasten auf das Untergestell aufgesetzt, erhitzen die Flammen das Bodenblech, sodass das Räuchermehl zu glimmen beginnt und die Garhitze aufsteigt.

Während der ersten 3 Minuten nach einsetzender kräftiger Rauchbildung legen wir den Deckel so auf, dass ein schmaler Spalt offen bleibt. Geräte mit einem justierbaren Rauchabzug im Deckel sind hier besonders vorteilhaft, da so während des gesamten Räuchervorgangs ein optimal steuerbarer Abzug möglich ist.

Die sich meist durch den Gardampf unter dem Blechdeckel bildenden Kondensattropfen wischen wir ein- bis zweimal mit Küchenkrepp aus.

Bei unserem Gerät reicht eine Füllung der zwei Brenndosen ca. 12 Minuten. Nach dieser Zeit sind die Smokyletten bereits gar und zeigen eine hellbraune Farbe. Wird ein kräftigeres Raucharoma gewünscht, ist eine zweite Heizphase zu starten. Vorher können die Smokyletten auf Wunsch vorsichtig gewendet werden, sodass alle Seiten im Rauch aromatisieren. Nach unserem Geschmack ist dies nicht erforderlich, es kann aber jeder Räucherbegeisterte selbst entscheiden wie es ihm besser mundet.

Nachfüllen von Spiritus

Das Nachfüllen von Spiritus darf erst erfolgen, nachdem die Flammen vollständig erloschen sind und sich die Brenndosen etwas abgekühlt haben. Ansonsten kann es zu äußerst gefährlichen Verpuffungen, Verbrennungen sowie zu Bränden kommen. Dabei ist auch zu bedenken, dass die Flammen besonders bei Sonnenschein oft kaum erkennbar sind.

Jetzt aber ran an die Buletten!

Sicher eignen sich die meisten kompakten Räucher-Grillkästen für diese Zubereitung. Je nach Konstruktion sind Abweichungen bei der Anwendung üblich. Für die größere Runde wäre auch der Einsatz eines Kuppelgrills denkbar.

Mit gebuttertem Toast sowie Gurken- und/oder Tomatenscheiben und evtl. etwas Remoulade gereicht, können Sie sich den Brassen so zukünftig ohne Grätenfrust besonders munden lassen.

Wir haben bisher mit 4 Testessern mehr als 30 Smokyletten verspeist und dabei keine Gräte festgestellt. Dennoch ist Vorsicht angebracht.

Und nun wünschen wir viel Glück beim Brassenangeln sowie einen guten Appetit.

Räuchern im Entsafter

Sie möchten gerne räuchern, Ihnen steht aber gerade kein Räuchergerät zur Verfügung? Oft lässt sich eine leckere Mahlzeit auch durch Improvisieren z. B. mit geeigneten „zweckentfremdeten" Küchengeräten realisieren. Schauen Sie sich z. B. auch einmal in der Nachbarschaft nach ausrangierten Gargefäßen wie etwa einem Kochentsafter, größeren Töpfen oder Brätern ohne Plastikteile um. Selbst eine hohe Metallschüssel kann durchaus geeignet sein.

Heißräuchern im Entsafter (ohne Unterteil). Zunächst kommen die Späne auf den Boden des Topfes und werden mit Alufolie belegt.

Günstig ist die Lage, wenn sich ein alter Kochentsafter findet. Nachdem auf dem Boden des Unterteils Späne aufgebracht sind, stellt man das für die Früchte vorgesehene Kesselteil darauf, belegt den Kesselboden mit Alufolie und platziert das Räuchergut darüber auf einem improvisierten Gitter. Ist dann der mittig gelochte Deckel aufgelegt, kann das Gerät aufs Feuer. Der im Unterteil entwickelte Rauch gelangt nun durch das Dampfloch in den zur Rauchkammer gewordenen Fruchtkessel und dort an das Räuchergut. Ein auf das ohnehin im Deckel vorhandene Loch gelegtes Tuchstück lässt den entstehenden Dampf abziehen, hält aber den Rauch zurück. Wenn Sie möchten, kann das Deckelloch auch den Fühler eines Thermometers aufnehmen.

Dann kommt das Räuchergut auf einem Gitter darüber. Die Alufolie fängt herabtropfendes Fett vor den Spänen auf.

Der Grill erzeugt die Hitze, die die Späne zum Rauchen bringt.

▶ **Ablagemöglichkeiten und Deckel**

Auch in den anderen genannten Gefäßen – ob Topf, Bräter oder einfache Metallschüssel – schafft man sich, ähnlich wie bei den

Kompaktgeräten, eine Ablage für das Räuchergut. Stehen weder ein ausgemustertes Grillgitter noch ein Rest von einem engmaschigen Drahtgeflecht zur Verfügung, werden einfach passende Zweigstücke gitterförmig mit Abstand – z. B. auf kleinen Steinchen – zum Gefäßboden abgelegt und die Räucherspäne auf das Bodenblech gegeben. Wenn vorhanden, kann ein lose auf die Späne gelegtes Stück doppelt gefalzter Alufolie herabtropfende Garsäfte oder Fett vom Glutbereich abhalten – aber es geht auch ohne. Nachdem das vorbereitete Räuchergut eingebracht ist, wird das Gefäß mit dem dazugehörenden Deckel oder einer passenden, nicht brennbaren und schadstofffreien Metall- oder Steinplatte oder mit Alufolie abgedeckt.

▸ **Brandgefahr ausschließen**

Das jeweilige Gefäß kann nun an einer möglichst windgeschützten Stelle über einer Hitzequelle eingesetzt werden. Der Gar- und Räucherprozess läuft nun in etwa wie bei den Kompaktgeräten ab.

Fertig ist die Räuchermahlzeit aus Hähnchenbrust, -keulen und Eiern.

Gold vom Kuppelgrill

Besitzen Sie einen Kuppelgrill, können Sie diesen hervorragend zum Heißräuchern von liegend eingebrachtem Räuchergut einsetzen. So kann z. B. nach dem Grillen die Resthitze der Holzkohle genutzt – oder auch unabhängig vom Grillen „vergoldet" werden. Besonders während der Anfangsphase wirken hier Garung und Rauch, ähnlich wie bei den Kompaktgeräten, gleichzeitig.

▸ So funktioniert's

Die vorbereiteten Fische oder Fischteile sollten so gut angetrocknet sein, dass sich die Haut ledrig anfühlt. Dann das noch kalte Grillgitter einölen. Wenn Sie das nicht tun, klebt das Räuchergut später besonders leicht am Gitter fest.

Je nach Außentemperatur, Menge und Dicke der Stücke eine Menge von etwa 1,5 – 2 kg Holzkohlen-Briketts entzünden und bei offenem Deckel gründlich durchglühen lassen. Ist Ihr Grill mit einem verstellbaren Gitterträger ausgerüstet, diesen in die oberste Position bringen und die nicht ganz trockenen Späne oder auch schimmelfreies morsches Weidenholz auf die Glut geben. Dann feuerfeste Alufolie mit rundherum Abstand zur Gerätewand darauf ablegen. Die Folie hält herabtropfendes Fett von der Glut fern und vermindert die Gefahr unerwünschter Aufflammungen. Nun das Räuchergut im Abstand zueinander und zur Gerätewand auf dem Gitter ablegen (Fische mit dem Rücken nach unten). Nach dem Schließen der Deckelhaube wird der Lüftungsschieber zum Abzug des Gardampfes ganz geöffnet.

▸ Garverlauf

Zur Kontrolle der Temperatur ist ein geeignetes Thermometer, dessen Sensordorn in eines der Lüftungsöffnungen eingesteckt wird, sehr hilfreich. Die Temperatur wird anfangs um 100 °C eingeregelt. Oft spreizen sich die Bauchlappen der Fische nach ca. 5 Minuten auf, sodass auch die Bauchhöhlen Farbe und Aroma erhalten. Ein nach dieser Zeit auf die Lüfteröffnungen gelegtes hitzefestes Tuch lässt Feuchtigkeit abziehen, während der Rauch weitgehend zurückgehalten wird. Dies vermindert u. a. die Gefahr, dass die Haut einreißt.

Durch das Öffnen der Zu- und Abluftöffnungen lassen sich die Hitze- und Rauchentwicklung bei Bedarf steigern. Das kurze Öffnen der Deckelhaube und der Einsatz eines Grillbelüfters kann ebenfalls nützlich sein.

Wer einen solchen Kuppelgrill besitzt, kann sich sofort ans Räuchern machen.

Auch wenn hier keine Fische abfallen können, so führt eine längere Überhitzung doch dazu, dass die Haut aufplatzt und das Fleisch übergart. Ist kein Thermometer vorhanden, helfen kurze Kontrollen durch das Öffnen der Deckelhaube. Falls Sie Räucherspäne auf die glühende Holzkohle nachgeben müssen, kann im Grill das Gitter mit den Fischen sowie die Alufolie relativ gut kurz herausgenommen werden.

Nach und nach sammelt sich bei dieser Methode in den Bauchhöhlen der Flossenträger würzige Flüssigkeit, die das Fleisch besonders saftig hält. Je nach gewünschter Intensität des Raucharomas belassen wir die „Goldstücke" zwischen 45 und 60 Minuten im Gerät.

▸ **Topf statt Kuppel**

Besitzen Sie lediglich ein einfaches Grillgerät ohne Abdeckhaube, können Sie auch einen geeigneten größeren Kessel oder Topf oder auch eine Metallschüssel mit ausreichender Höhe umgekehrt über dem Räuchergut auf dem Grillgitter abstellen, sodass daraus eine Art Haube wird. Wählen Sie die Größe Ihrer improvisierten Kuppel so, dass rundherum möglichst wenig Rauch entweichen kann. Wenn Sie diese Methode häufig nutzen, können Sie den Boden des Gefäßes von außen mit einem Griff versehen (z. B. Drahtbügel). Eine eingeschnittene Abzugöffnung dient der Zugregulierung sowie der Dampfabfuhr und kann den Sensordorn eines Thermometers aufnehmen.

Die „heiße Rauchphase"...

...und das gelungene Ergebnis.

Steht nur noch der Fruchtkessel eines Kochentsafters zur Verfügung, kann auch dieser, wenn die Griffe nicht über den Öffnungsrand hinausragen, so eingesetzt werden, dass der mit der Dampfdurchführung versehene Boden nach oben weist. Diese ja bereits vorhandene Öffnung ist ohne jede Zusatzarbeit für den Dampfaustritt und die Zugregulierung nutzbar.

Räuchern im Teleskopofen. Achten Sie darauf, dass die Fische wirklich sicher hängen.

Die „getoppte" Variante: Ein Teleskopofen auf einer Feuerkammer.

Teleskopofen für Aale & Co.

Ist man nach den ersten Erfahrungen mit dem kompakten Kasten oder dem Kuppelgrill so richtig auf den Räuchergeschmack gekommen, entsteht oft der Wunsch, auch einmal Aale oder Hornhechte mit hängender Einbringung zu „vergolden". Hier bieten Teleskopöfen bei eben ausreichender Höhe eine recht gute Möglichkeit. Außerdem sind diese zusammenschiebbaren Typen noch weitgehend mobil einsetzbar. Zwei Modelle mit rundem Querschnitt sind bei uns bereits seit vielen Jahren regelmäßig im Einsatz.

Die kleinere Ausführung nimmt etwa 8–10 Aale bis ca. 65 cm Länge oder die gleiche Menge Forellen mit je etwa 400 g auf. Das Gerät hat bei 5 kg Gewicht einen Durchmesser von 25 cm und eine Arbeitshöhe von 97–100 cm. Zusammengeschoben misst dieses Gerät nur noch 60 cm. Das größere Gerät fasst bei 35 cm Durchmesser und ca. 6 kg Gewicht etwa 15 Forellen von je maximal 400 g oder ebenso viele Aale bis 65 cm Länge. Es lässt sich von 60 cm auf 89 cm in der Höhe variieren.

Beide Geräte sind mit herausziehbarer Feuerlade und Flammensperrblech ausgestattet. Zum Räuchern von Aalen wirkt sich auch bei diesen Öfen ein möglichst großer Abstand zwischen dem Flammensperrblech und dem Einhängegitter günstig aus. Je größer dieser Abstand, desto geringer die Gefahr, dass Schwanzbereiche der Aale versengen oder aufplatzen. Die Blechdeckel der Öfen sind mit einem Holzgriff und einer Temperaturanzeige über einen durch Bimetall gesteuerten Zapfen sowie einer verschließbaren Öffnung für die Dampfabführung und Zugregulierung ausgerüstet. Nutzt man statt des Zapfens ein Räucherthermometer, das mit dem Sensordorn durch eine Bohrung in den Deckel gesteckt wird, lässt sich die Temperatur einfacher überwachen.

▸ Höher hinaus: getoppter Teleofen-Aufsatz

Wir haben unseren 35er Teleskopofen einfach und kostenlos „getoppt". Ein ausgemustertes Feuerungsunterteil von einem Badeofen aus DDR-Zeiten dient dabei als Feuerstätte für die Hitze- und Raucherzeugung. Hierzu wird das Oberteil einfach abgehoben und stattdessen der Teleofen mit dem Bodenbereich lose aufgesetzt. Da unser alter Teleofen aufgrund zahlreicher Transporte inzwischen seine exakte Kreisform im Bodenbereich eingebüßt hat, haben wir den oberen Passungsrand des Badeofenunterteils einige Millimeter mit der Zange so weit aufgebogen, dass der Boden des Teleofens leicht und recht kippfest in die umlaufende Passung rutscht.

Passen Unterteil und Ofen gut ineinander, hebt man den Teleofen wieder ab, stellt diesen auf den Kopf und bohrt 20 Löcher von je 10 mm Durchmesser in den Boden. Werden jetzt beide Teile wieder zusammengesteckt, ist der „Kombiofen" um 41 cm höher als der eigentliche Teleofen. Das Unterteil bietet jetzt eine für einen Räucherofen schon fast luxuriöse zweiteilige Feuer- und Rauchkammer, die durch eine Tür verschließbar ist und neben Aschelade und Rost auch über eine verstellbare Zugregulierung verfügt. Die Höhe von jetzt insgesamt 130 cm und die im Teleteil verbleibende Flammensperre schaffen den großen Vorteil, dass auch lange Aale und Hornhechte einfach und relativ sicher zu räuchern sind. Ein Stück passende Alufolie auf die Flammensperre gelegt, erleichtert außerdem die Reinigung. Da der unverändert bleibende Teleofen nur lose aufgesetzt wird, ist dieser immer noch für den mobilen Einsatz verwendbar.

Schorsch Richter vor seinem selbst gebauten Räucherofen.

▸ Es geht auch ohne: aufgesetzter Lüftungsschacht

Steht zwar ein Badeofenunterteil aber kein passender Teleofen zur Verfügung, kann man sich auch nach einem passenden Rohrteil z. B. von einer ausrangierten Belüftungsanlage bei Landwirten oder auf dem Schrottplatz umsehen.

Diese Schachtteile gibt es auch in rechteckiger Form, man kann sie dann so mit dem runden Badeofenunterteil verbinden: Bei rechteckigem Querschnitt wird eine mit 20 Bohrungen (Durchmesser 10 mm) versehene rechteckige Blechplatte so auf das Ofenteil gelegt, dass das Schachtteil darauf bündig abgestellt und mit Schrauben oder Draht befestigt werden kann. Schneidet man dann noch mit einer Stichsäge eine Türöffnung aus, schraubt von innen um die Öffnung Blechstreifen als Anschlag an und befestigt das ausgesägte Teil als Tür an Scharnieren, steht nach dem Montieren der Einhängevorrichtung, der Verriegelung und der Abdeckung ein gut wirkender und gleichzeitig preiswerter Räucherofen bereit.

Ein weiteres Beispiel von Improvisationstalent ist der originelle, von Angelfreund Schorsch Richter gefertigte Räucherofen. Hier ist die Außenwandung des Lüftungsschachtes (Rauchkammer) ca. 5 cm dick mit Steinwolle isoliert, zusätzlich mit Holz verkleidet und mit einer Tür versehen. Die Zugregulierung erfolgt über die vorhandene verstellbare Öffnung in der Ofentür im Zusammenwirken mit der verschiebbar aufgelegten Holzabdeckung auf der Rauchkammer. Natürlich lässt sich auch dieser Ofen provisorisch mit einem Jutesack abdecken.

Der Tonnenofen wird hier „de luxe" (siehe S. 96) auf einem Sockel betrieben.

Räuchern in der Tonne

Halten Sie nach einer 200 Liter fassenden Blechtonne Ausschau – auch daraus lässt sich ein Räucherofen improvisieren. Das Gefäß muss im Innenraum frei von Schadstoffen sein. Rostbildung im Inneren oder Farbe an der Außenwand stören jedoch nicht.

▶ **Zubehör und Vorbereitung**

Für die einfachste Räuchermethode ganz ohne Späne wird noch Draht für die Räucherhaken oder ersatzweise Schnur aus Naturfaser zum Einhängen der Fische sowie geeignete Stöcke oder besser Eisenstangen zum Befestigen der Haken bzw. Einhängeschnüre benötigt. Abgedeckt wird die Tonne möglichst mit einem Jutesack oder einer passenden Kokosmatte. Auch Bretter und Tücher oder Pappe, die über evtl. vorhandene Ritzen gelegt werden, sind brauchbar. Zum Heizen und Räuchern kommen harzfreies Laubholz, Wacholder und morsches, aber schimmelfreies Weidenholz (z. B. aus hohlen Stämmen) zum Einsatz. Auch belaubte Weidenzweige sind gut geeignet. Ferner wird noch ein Gefäß mit Wasser bereitgestellt.

Ist alles beisammen, wird die Tonne so gründlich mit einem kräftigen Holzfeuer ausgebrannt, dass evtl. doch nicht erkannte Schadstoffe auf jeden Fall entfernt werden.

▶ Dann kann es losgehen

Zuerst wird auf dem Boden der Tonne aus dickeren möglichst trockenen Holzstücken ein kräftiges Feuer entzündet und dieses bei nur noch leichter Flammenbildung bis auf eine größere Glutmenge niedergebrannt. Dann werden die vorbereiteten Fische an den auf dem Tonnenrand abgelegten Stöcken mit Abstand zueinander und zur Blechwand eingehängt und die Tonne so abgedeckt, dass möglichst wenig Rauch entweicht. Lassen Sie an einer Stelle einen größeren freien Bereich zwischen Räuchergut und Tonnenwand, hier können Sie später einfach nachschüren. Der Schwelbrand im Inneren erzeugt nach dem Abdecken einen kräftigen Rauch und gart gleichzeitig die Fische durch die von der Glut abgegebene Hitze.

Ein Thermometer ist bei dieser Methode zwar hilfreich, aber nicht erforderlich. Lässt die Rauchbildung nach, wird frisches dickes Holz, das noch im Saft steht, auf die Glut nachgelegt und die Tonne gleich wieder abgedeckt. Verwendet man zum Nachschüren des Rauches belaubte Zweige von vorzugsweise Weide oder Wacholder, muss man diese vorher zerkleinern und leicht anfeuchten. Halten Sie im Wassergefäß stets einen buschigen Zweig griffbereit. Schlagen einmal unerwartet hohe Flammen auf, lässt sich das Feuer mit dem nassen Zweigbüschel schnell wieder abdämmen. Stehen geeignete Späne zur Verfügung, werden diese leicht angefeuchtet auf die Glut gegeben. Dies erleichtert das Räuchern, da nicht so leicht unerwünschte Flammenbildung entsteht wie bei der Verwendung von Zweigen.

▶ Wenn gutes Holzmaterial knapp ist

Ist neben einer ausreichenden Menge an undefinierbaren oder rußenden Holzarten nur wenig gut geeignetes harzfreies Material mit rußfreier Verbrennung greifbar, stellt man die Tonne mit dem gasdichten Boden auf einen ca. 20–30 cm hohen Steinring und gibt das geeignete Räuchermaterial auf den Tonnenboden. Nachdem das Räuchergut eingehängt und unter der Tonne ein kräftiges Feuer entfacht ist, schlagen die Flammen gegen das Bodenblech und versetzen das darauf liegende Räuchermaterial bei gleichzeitig aufsteigender Garhitze in einen Rauch erzeugenden Schwelbrand. Da der dichte Boden unerwünschte Substanzen des Heizfeuers vom Räuchergut fernhält, lässt sich so auch in eigentlich ungünstigen Situationen noch ein gutes Räucherergebnis erzielen. Diese Methode hat auch ihre Vorteile: Feuer- und Rauchkammer sind getrennt und die Gefahr unerwünschter Aufflammungen ist so relativ gering. Außerdem steht durch die Außenbefeuerung eine größere Höhe zur Verfügung, sodass auch Aale und Hornhechte nun darin ganz gut geräuchert werden können.

Eine Räuchertonne bietet auch längeren Fischen genügend Platz.

Unsere Räucher-Grill-Küche ist im Prinzip auch eine Weiterentwicklung des Tonnenofens.

▶ **Tonnenofen „de luxe"**

Wer seinen Tonnenofen häufiger nutzen möchte, kann diesen mit geringem Aufwand recht wirkungsvoll „aufmöbeln", sodass daraus ein einfacher, auch für Aale und Hornhechte geeigneter Räucherofen mit gutem Wirkungsgrad entsteht.

Hierzu werden in einer mit einem abnehmbaren Deckel versehenen 200 Liter fassenden Tonne zwei etwa 10 mm dicke Ablagestangen aus

Stahl 6–8 cm unter dem oberen Gefäßrand parallel zueinander eingesetzt. Dazu einfach passende Löcher in den Tonnenrand bohren. Besonders einfach ist die Verwendung von Gewindestangen aus dem Baumarkt. Diese Stangen werden im Abstand von 40 cm zueinander durch die Bohrungen geführt, entsprechend mit der Eisensäge gekürzt und mit Muttern von außen an der Tonnenwand verschraubt. Auf diesen Stangen lassen sich jetzt quer darüber Räucherspieße mit Fischen daran ablegen. Da von den Spießen zum oberen Tonnenrand ein freier Abstand besteht, kann die Tonne trotz der nach oben über die Spieße ragenden Fischköpfe abgedeckt werden.

Bringt man im mittleren Bereich des Bodenbleches innerhalb eines Kreises von etwa 40 cm ungefähr 40 Bohrungen von 10 mm Durchmesser an, schafft man so einen Durchlass zwischen Feuer- und Rauchkammer. So hergerichtet, lässt das Bodenblech Garhitze und Rauch in die Rauchkammer aufsteigen und hält gleichzeitig unerwünschte stärkere Aufflammungen zurück. Außerdem wirkt der Boden so gleichzeitig als Auffangblech für evtl. herabfallende Fische.

▸ **Deckel und Befeuerung**

Statt des bereits beschriebenen Jutesacks eignet sich der zur Tonne gehörende Blechdeckel zum Abdecken des Ofens natürlich viel besser. Er hält auch plötzlichen Regen recht gut ab, sodass man auch bei Niederschlag noch gut fertig räuchern kann. Der Deckel wird auf der Unterseite möglichst mit rauen, unbehandelten Brettern verkleidet. Diese Holzlage verhindert das Abtropfen von Kondenswasser auf das Räuchergut und vermindert die Wärmeabstrahlung. Ein im Mittelbereich des Deckels zwischen zwei aufgeschraubten gelochten Winkeln befestigtes ca. 10 cm langes Stück von einem Besenstiel wird zu einem handlichen Griff. Zum Abführen von Dampf und zur Zugregulierung erhält der Deckel noch eine mit einem drehbaren Schottdeckel stufenlos verschließbare Öffnung von 10 cm Durchmesser. Der Sensordorn eines Rundthermometers kann durch eine weitere Bohrung eingesteckt werden.

Dann wird die Tonne auf einen nach vorn offenen 25–30 cm hohen Sockel aus aufgeschichteten Mauersteinen kippsicher aufgesetzt. Eventuell verbliebene Ritzen zwischen Tonnenboden und Sockel werden mit Lehm oder Ton abgedichtet. Die Feuerungsöffnung lässt sich mit einem passenden Blechstück oder vorgelegten Mauersteinen zur Zugregulierung justierbar verschließen. Wenn Sie die Tonne nun noch mit schwarzer, hitzefester Ofenfarbe streichen, entsteht auch bei einem verzinkten Gefäß neben einem zusätzlichen Korrosionsschutz eine besonders rustikale Optik. Da bei diesem Tonnenofen keine gasdichte Trennung zwischen Feuer- und Rauchkammer besteht, sollten Sie nur harzfreies, unbehandeltes Heiz- und Räuchermaterial von geeigneten Laubholz- und Wacholderarten verwenden. Wenn keine Aale oder Hornhechte geräuchert werden sollen, reicht als Basisgefäß auch eine kleinere Tonne oder ein Kessel bzw. Kübel aus.

Zwischen Tür und Angel – Räuchern im Schrank

Im Vergleich zu Geräten, die von oben mit dem Räuchergut beschickt werden, bieten Schränke u.a. den Vorteil, dass sie von vorne durch die Tür befüllt werden können. Auch der Räucherprozess lässt sich durch kurzes Öffnen der Tür recht einfach und schnell beobachten, ohne dass das Räuchergut nach oben herausgezogen werden muss.

Neben Modellen, bei denen das Türblatt in eine Halterung eingesteckt wird, sind auch zahlreiche Ausführungen mit von Angeln gehaltenen Türen erhältlich. Einige Hersteller bieten auch Geräte mit verglasten Türen an, durch die der Räuchervorgang dann natürlich besonders bequem beobachtet werden kann.

Außer mit Holz können viele Räucherschränke auch elektrisch (Modell Feldmann, oben) oder mit Gas (Beelonia Smoky 5, unten) betrieben werden.

Scheibe reinigen

Die Sichtscheiben der Räucheröfen lassen sich sehr schnell und gründlich mit Spiritus vom Rauchbelag befreien. Die Glut muss dazu natürlich unbedingt erloschen sein!

▶ Überlegungen vor dem Kauf

Schon vor dem Kauf sollten Sie darauf achten, dass der ausgewählte Stellplatz so gelegen ist, dass Nachbarn nicht vom Rauch belästigt werden. Ist dies geklärt, überlegen Sie, ob neben dem Heißräuchern auch das Kalträuchern geplant ist. Zudem ist neben der Aufnahmekapazität das Material, die Befeuerungsart, die Nachrüstbarkeit z. B. mit einem Grillteil oder einer Elektro- bzw. Gasbeheizung zu bedenken. Weiterhin sind die örtlichen Brandschutzbestimmungen zu beachten. Bei Räucherhütten, größeren Geräten oder solchen, die an einen Schornstein angeschlossen werden sollen, müssen Sie schon in der Planungsphase die Vorgaben des Herstellers und evtl. auch des Bezirksschornsteinfegermeisters und des Bauamtes berücksichtigen. Da wir gute Möglichkeiten zur Holzbeschaffung und Lagerung haben, nutzen wir gern die Urmethode des Räucherns mit Holzbefeuerung. Allgemein ist zu sagen, dass bei den Räucherschränken neben kleinen noch tragbaren Modellen

Das „Räucherhauschen Rustikal" (Beelonia) bietet neben der praktischen Funktion auch eine hübsche Optik. (links)
Ein angenehmer Vorteil der Räucherschränke: Sie können bequem von vorne durch die Tür befüllt werden (Smoky 5, Beelonia).

zum Räuchern des üblichen Familienbedarfes auch große Geräte zum Mitversorgen von Freunden oder Vereinsmitgliedern erhältlich sind. Bei den Materialien gibt es je nach Hersteller und Modell Ausführungen aus verzinktem Stahlblech, aluminierten Feinblechen und solche aus Edelstahl auch in isolierter Bauweise. Je nach Gerätetyp kann man das Räuchergut hängend oder auf Gittern bzw. in Metallkörben gut übersichtlich einbringen.

Wenn neben dem Heißräuchern von Fisch, Fleisch und Geflügel das Kalträuchern von z.B. Lachs, Makrele, Hering, Wurst, Speck, Wild und anderen Leckereien nicht ausgeschlossen ist, sollte das Gerät entweder gleich entsprechend ausgestattet sein oder später durch Zusatzteile ergänzt werden können. Zahlreiche Fachfirmen bieten eine große Auswahl an Geräten an. Um den Rahmen dieses Buches nicht zu sprengen, können wir hier nur einige von uns selbst verwendete Modelle vorstellen. Weitere Firmen sind ohne Anspruch auf Vollständigkeit im Adressteil genannt.

Beim Kombiofen von Feldmann kann nur das Grundmodell für sich...

...oder zusammen mit dem Aufsatz zum Heiß- und Kalträuchern verwendet werden.

▶ **Kombiofen**

Als ein Beispiel sei das von der Firma Feldmann angebotene Räucherschrank-Prinzip genannt. In diesen Geräten ist das Kalt- oder Heißräuchern sowie auch das Grillen möglich. Auf ein Grundmodell (Maße z. B. Höhe 80 cm, Breite 35,5 cm, Tiefe 25,5 cm) – erhältlich aus Edelstahl, verzinktem oder aluminertem Stahlblech – kann für längeres Räuchergut (z. B. Aal oder Hornhecht) oder auch zum erweiterten Kalträuchern ein weiteres Gerät aufgesteckt werden, sodass eine Gesamthöhe von 130 cm erreicht wird. Durch die mit Glasscheiben ausgestatteten Türen lässt sich das Räuchergut leicht und übersichtlich einbringen, jederzeit kontrollieren und bequem entnehmen.

Diese Öfen werden in der Grundausstattung ohne Fremdheizquelle betrieben, das in einem Rauchmehlkasten platzierte Spanmaterial produziert Hitze und Rauch. Zum schnellen Heißräuchern oder bei sehr geringen Außentemperaturen kann der Ofen auch mit Holzkohle, elektrischem Zusatzgerät mit Thermostat, mit Gas- oder Spiritusbrenner, oder mit spezieller Räucherholz-Gewürzkohle beheizt werden. Das Beheizen und Räuchern mit Holzmaterial ist in der Bedienungsanleitung nicht erklärt.

Beim Kalträuchern hilft eine je nach Außentemperatur dosierte Spanmenge mit U-förmiger Verglimmung und eine mit Abstand zur Wandung auf dem Abtropfblech doppelt gelegte Alufolie, die Temperaturen möglichst gering zu halten.

▸ **Räuchern zwischen Rosen und Koniferen**

Von der Firma Beelonia, die neben gewerblich nutzbaren Geräten auch etliche Modelle für den Hobbybereich (Heiß- und Kaltrauch je nach Typ) in Ausführungen aus Edelstahl oder verzinktem Stahlblech, mit Holzbefeuerung oder auch Gas- oder Strombetrieb zum einfachen Nachrüsten und weiteres Zubehör im Programm hat, gibt es auf Basis bewährter Grundmodelle ein sehr originelles, doppelwandiges isoliertes Gerät mit Sichtscheibe, Innenbeleuchtung, Dach und Metallschornstein, das die Form eines kleinen Räucherhäuschens hat. Wir haben im Jahr 1999 das Modell F II von Beelonia selbst mit einem Dach aus wasserfestem Bausperrholz versehen, mit Gartenbausteinen einen Holzlagerplatz darum gebaut und das ganze mit Koniferen und Kletterrosen umrahmt. Zudem steht ein wetterfester Gartentisch, der auch zum Schlachten und Vorbereiten der Fische nützliche Dienste leistet, in günstiger Position gleich in der Nähe. So entstand unsere kleine, gemütlich-zweckmäßige Räucherecke. Es sind immer wieder schöne Momente, wenn hier in gemütlicher Runde mit Freunden und Bekannten gefachsimpelt und verkostet wird.

Unsere Räucherecke aus dem Beelonia-Modell FII.

Bastlers Räucherschrank

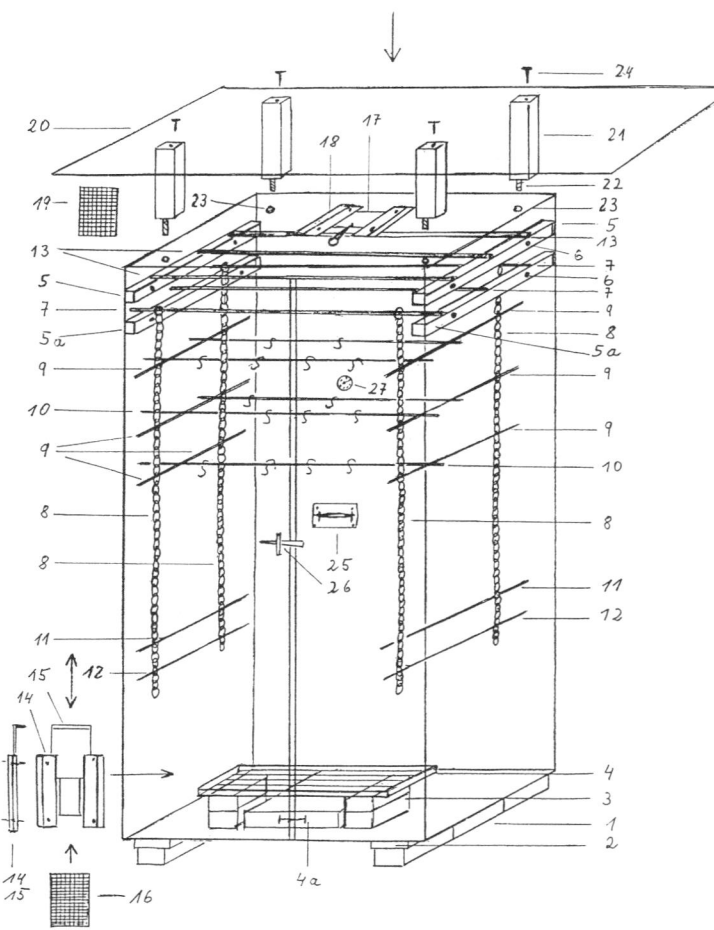

Bastlers Räucherschrank

Aus alt mach neu

Dieser Aufbau kann auch dazu dienen, das eine oder andere geeignete Altgerät preiswert und mit einfachen Mitteln ganz oder teilweise umzurüsten.

Dieser von uns gebastelte Räucherschrank entstand genau nach unserer Vorstellung für das Heiß- oder Kalträuchern sowie die Aufbewahrung des Räuchergutes. Als Basisteil dient ein ausrangierter, doppeltüriger Blechschrank mit den Innenmaßen 170 x 80 x 40 cm. Der Schrank darf im Innenraum keinesfalls mit Farbe versehen sein, da aus dieser Schadstoffe auf das Räuchergut übertragen werden können.

▸ **Aufbau**

Der im schattigen Außenbereich platzierte Schrank steht auf waagerecht ausgerichteten Mauersteinen (1) und darauf abgelegten Brettern (2). Ein lose auf Mauersteine (3) abgelegtes Schachtgitter aus Metall (50 x 30 cm) dient als Feuerrost (4). Darunter kann ein Aschekasten (4a) platziert werden. Im unteren Bereich des einen Türflügels ist eine ca. 9 x 12 cm große Öffnung mit einer Stichsäge ausgesägt worden. Ein vor dieser Öffnung hinter je zwei versetzt vorgeschraubten Blechstreifen (18 x 4 cm) (14) stufenlos verstellbarer Blechschieber (13 x 19 cm) (15) dient zur Regulierung der Luftzufuhr. Als Griff ist der obere Sektor des Schiebers ausgeklinkt und ca. 2 cm nach vorn abgewinkelt. Ein zwischen Schieber (15) und Türblech vor die Lüftungsöffnung gestecktes Stück Drahtgaze (ca. 11 x 20 cm) (16) hält Ungeziefer fern.

8 cm unter dem Schrankdach ist jeweils ein passendes Stück Dachlatte (5) mit je zwei Schrauben (6) von innen waagerecht an die Seitenwand montiert. Auf diesen Hölzern werden 3–4 Latten (13) von ca. 1,5 x 2 cm oder Stahlstangen von ca. 1 cm Durchmesser in gleichen Abständen zueinander abgelegt. Etwa 3 cm unter den oberen Dachlatten (5) sind parallel dazu zwei weitere Dachlatten (5a) an die Seitenwände geschraubt. Auf diesen Latten werden 4 Stahlstangen (7) von ca. 1 cm Durchmesser abgelegt.

▸ **Pappe gegen Kondensat**
Um Kondensat vom Räuchergut fernzuhalten, wird einfach ein passendes Stück farbfreie Wellpappe so auf den oberen Stangen (13) abgelegt, dass zu den Türen und Wänden noch ein Abstand von 6 cm verbleibt. Dieser Abstand hat sich recht gut bewährt, da der Zug so von der unteren Lüftungsöffnung an der Kondensatsperre vorbei zur oberen Abzugsöffnung geleitet wird.

Gewindestangen

Besonders für die Ablagestangen (in der Zeichnung Ziffer 11 und 12) eignen sich Gewindestangen. Diese lassen sich einfach und schnell mit Muttern vor den Kettengliedern lösbar fixieren.

Heißräuchern in drei Etagen: Heringe, Hornhechte und Lachsstreifen.

▶ Flammensperre

Auf der vorderen und hinteren Stahlstange (7) sind je zwei gleich lange Ketten – hier 112 cm (8) – verschiebbar eingehängt und mit ca. 10 cm Astand von der Wand positioniert.

Durch die Kettenglieder können nun die Ablagestangen (9) gesteckt werden, die später die Räucherspieße oder Einhängestange (10) aufnehmen. Im unteren Bereich der Ketten (8) sind ca. 35 cm über dem Feuerrost (4) zwei Stahlstangen (12) in gleicher Höhe zueinander durch die Kettenglieder gesteckt. Auf diesen Stangen wird ein als Flammensperre dienendes Blech mit rundum 6 cm Abstand zu den Wänden abgelegt. Natürlich lassen sich statt der Ketten auch mehrere Metallwinkel im Abstand untereinander an den Seitenwänden befestigen.

▶ Tropfblech

Auf den ca. 12 cm über den Stahlstangen für die Feuersperre (12) ebenfalls durch die Ketten gehaltenen Stangen (11) ist ein weiteres Blech platziert. Dieses Blech nimmt herabtropfendes Fett oder Fleischsaft noch vor der Flammensperre auf. Beim Heißräuchern belegen wir das Blech mit Alufolie und beim Kalträuchern zusätzlich mit Küchenpapier. Der Abstand zwischen Tropfblech und Flammensperre verhindert beim Heißräuchern, dass herabtropfende Flüssigkeiten verbrennen.

Die Ketten haben den Vorteil, dass Fische je nach Anzahl und Größe in fast jedem Abstand vom Tropfblech an Haken oder auf Spießen in die Rauchkammer eingebracht werden können. Weiterhin hat man die Möglichkeit, ein Drahtgitter, auf dem z. B. Rogen, Filets oder gekochte Hühnereier sicher abgelegt werden können, im oberen Bereich zu platzieren und darunter ganze Fische oder andere Räucherware in unterschiedlichen Höhen aufzuhängen.

Aufgefangen

Sollte einmal ein Stück des Räuchergutes abfallen, landet es auf dem Tropfblech und kann dann, auch wenn es etwas deformiert oder aufgeplatzt ist, auf einem Gitter abgelegt und fertig geräuchert werden.

Kräftiger Rauch zum Kalträuchern aus dem Blecheimer.

▸ **Das zieht**

Für die Luftzirkulation im Zusammenwirken mit dem Lüftungsschieber (15) ist im Schrankdach eine weitere, mit einem Schieber (17) gleicher Bauart versehene Lüftungsöffnung eingebracht. Statt mit einer Griffleiste kann dieser Schieber auch mit einem abgewinkelten, vorn über das Schrankdach weisenden Flacheisen oder einer starren Grifföse ausgestattet werden. Wer es ganz einfach möchte, kann auch ein Brett auf die Öffnung legen und durch Verschieben die Luftzirkulation oder Rauch- und Feuchtigkeitsabzug steuern. Auch hier ist ein passendes Stück Drahtgaze zur Insektenabwehr beim Kalträuchern in Intervallen oder für die längere Lagerung von Räuchergut sehr empfehlenswert.

▸ **Kleiner Wetterschutz**

Um das Eindringen von Niederschlag bei geöffnetem Schieber (17) zu verhindern, ist eine an allen Geräteseiten ca. 20 cm überstehende, nach hinten leicht abfallende verzinkte Blechplatte (20) 30 cm über dem Schrankdach montiert. Gehalten wird sie von vier Klötzchen aus Vierkantholz (21). In jedes Vierkantholz ist ein Kombi-Schraube, deren eine Seite in das Holz eingedreht ist, eingesetzt. Die andere Schraubenseite ist mit einem Gewinde zum Aufschrauben einer Mutter versehen. Das freie Ende wird durch Bohrungen im Schrankdach (23) gesteckt und von unten mit einer Mutter am Dach verschraubt. Oben ist die Blechplatte (20) durch je eine Bohrung und eine Holzschraube mit den Aufrichtern (21) verbunden. Regenwasser läuft so nach hinten ab. Je nach Größe schützt dieses Überdach auch das eigentliche Schrankdach und das Thermometer vor Regen und direkter Sonneneinstrahlung.

Kalträuchern: Neben Fleisch und Wurst haben wir hart gekochte, gewürzte Eier oben auf dem Gitter abgelegt.

Nach dem Vergnügen gibt es leider auch noch ein bisschen Arbeit, ...

▶ **Schutz vor „Naschkatzen"**

Über Nacht oder während längerer Lagerzeiten kann auch ein Vorhängeschloss die Leckereien vor ungebetenen Naschkatzen schützen. Der Türgriff (25) sollte aus Holz gefertigt sein und 5 cm vom Türblech abstehen. Hierfür kann man recht gut ein Stück Besenstiel, das beidseitig von je einem gelochten und verzinkten Winkeleisen gehalten wird, einsetzen. Ein im oberen Türviertel gebohrtes Loch nimmt den Sensordorn für ein Thermometer auf.

▶ **Farbe ab**

Die alte Außenfarbe wurde mit einem Gasbrenner entfernt und nach dem Abschleifen des Untergrundes durch hitzefeste schwarze Ofenfarbe ersetzt. Auch der farbfreie Innenraum wurde sorgfältig mit größerer Hitze ausgebrannt und zweimal ohne Räuchergut eingeräuchert. Wir möchten noch einmal erwähnen, dass ein Blechschrank nur geeignet ist, wenn dieser im Innenraum auch in allen möglichen Spalten oder Ritzen völlig frei von Farbe oder anderen Anhaftungen ist. Ist dies nicht sicher, muss man, um Gesundheitsschäden zu vermeiden, auf eine Nutzung als Räucherschrank verzichten.

...denn egal ob kleines Kompaktgerät oder großer Räucherschrank: Alle Geräte müssen regelmäßig gereinigt und gepflegt werden.

▶ **Gut aufgehoben**
Wir haben neben kaltgeräucherten Fischen z. B. auch Mett- und Blutwurst sowie Speck über mehrere Wochen auch im Frühjahr in diesem im Freien stehenden Räucherschrank gelagert. Der schattige Standort sowie die durch die geöffneten Lüftungsschieber (15, 17) erreichte Luftzirkulation und die Gazesiebe (16, 19) machten dies möglich.

Es ist schon eine schöne Sache, wenn man auch einmal zwischendurch zum Naschen an diesen Schrank tritt und sich von dem einen oder anderen Stück einen würzig duftenden Happen abschnippeln kann. Hätten wir auch hier im hinteren Bereich des Grundstückes eine gemütliche Sitzecke unter den hohen Bäumen, würden sich die Abende beim Verkosten wohl sehr ausdehnen.

25 Grad

Da unser Räucherschrank im Dauerschatten steht, gelang es sogar noch bei einer Außentemperatur von 16 ° C, mit vier Litern Spanmaterial die Temperatur in Höhe des Räuchergutes unter 25 °C zu halten.

Säubern und Pflegen

Um lange Freude an Ihren Räuchergeräten zu haben, müssen diese regelmäßig gesäubert und gepflegt werden. Kleinere Zubehörteile und Geräte in warmem Wasser mit Spülmittel einweichen und dann je nach Verschmutzungsgrad mit Küchenschwamm oder Stahlwolle reinigen. Größere Teile wie Roste oder Tropfbleche auf einer geeigneten Ablagefläche mit warmem Spülwasser benetzen und mit Stahlwolle, Küchenschwamm oder einem Malerspachtel von Anhaftungen befreien. Anschließend klar spülen, abtropfen lassen, trocknen und Materialien, die rosten könnten, mit Speiseöl oder einer Speckschwarte abreiben. Beachten Sie bei gekauften Geräten die Hinweise des Herstellers in der Pflegeanleitung.

Die Innenwände der Räucheröfen werden bei uns nur dann gereinigt, wenn sie durch Fett oder Fleischsaft verschmutzt sind. Entfernt man diese Verschmutzungen nicht, kann sich leicht Schimmel bilden. Den schwarzen Rauchbelag belassen wir im Gerät. Die kleinen Kompaktgeräte reinigen wir jedoch komplett mit warmem Spülwasser, lassen sie gut abtrocknen und lagern sie luftig und vor Staub geschützt.

Außenverschmutzungen an Räucher- und Grillgeräten lassen sich meist sehr gut mit einem Küchenschwamm und einigen Tropfen Speiseöl abreiben. Bei festeren Anhaftungen helfen feine Stahlwolle und Speiseöl. Hin und wieder frischen wir die Geräte außen durch Abreiben mit Speiseöl ein wenig auf, wobei das Öl ggf. auch noch vor Rost schützt. Es ist ratsam, größere Räuchergeräte bei trockenem Wetter hin und wieder, so weit es geht, zu öffnen und richtig zu durchlüften. Dabei sollten besonders auch Ecken, Kanten und schlecht zugängliche Ritzen gut austrocknen. Das vermindert Korrosion. Während der ungenutzten Standzeit lassen wir aus diesem Grunde auch die Be- und Entlüftung geöffnet.

Unsere Räucher-Grill-Küche

▶ Wenn das Wasser im Mund zusammenläuft... 108
▶ Senkrecht oder waagrecht – heiß oder kalt 110
▶ Flachgelegt: Die Feuerküche 110
▶ Isolierung 111
▶ Flammensperre 111
▶ Ein echtes Multitalent 112

Wenn das Wasser im Mund zusammenläuft...

In Jagd- und Angelcamps sowie auf Campingplätzen und anderen Freizeitgrundstücken entsteht oft der Wunsch nach einem rustikalen Schmaus in zünftiger Atmosphäre. Wer kennt das nicht? Wald, Wasser und frische Luft, dann plötzlich dieser Heißhunger auf einen würzigen Brotknust nur mit Butter oder Leberwurst. Nach einigen Tagen in der Natur schleichen sich dann aber doch so langsam Gelüste nach einer

Unsere Räucher-Grill-Küche hier mit beiden aufeinander gesetzten Tonnen beim Heißräuchern.

kross gebratenen Gans oder einer saftigen Pizza, nach einem zart geräucherten Lachsfilet oder frisch gebratenen Heringen aus dem eigenen Fang in die Wunschträume. Wenn dann einer aus der Gruppe zu laut träumt, gibt es entweder Zoff, oder es beginnt die gemeinsame Ausmahlung einer großen Tafel im Grünen.

...kommen uns die besten Ideen

Genau solche Erlebnisse lösten bei uns den Wunsch nach einem Gerät aus, mit dem wir unter freiem Himmel möglichst viele Zubereitungsarten vom Heiß- und Kalträuchern, über das Grillen auf dem Rost oder am Spieß, bis hin zum Backen, Kochen, Dünsten, Braten und Schmoren in gemütlicher Runde realisieren können. Als Heiz- und/oder Räuchermaterial sollte unabhängig von Gas und Strom Holzkohle und Holz harzfreier Laubholzarten eingesetzt werden.

Der Handel bietet ja eine enorme Auswahl an bewährten, wirklich ausgefeilten und vielfältig nutzbaren Räucher,- Grill- und Kombinationsgeräten an. Dabei kann auch zwischen unterschiedlichen Arten der Beheizung gewählt werden. Uns schwebte allerdings ein Gerät vor, das all die von uns gewünschten Funktionen und Methoden ermöglicht und mit einer besonders rustikalen Funktion und Optik verbindet.

Ein Traum wird wahr

So fertigten wir also unsere urige Brutzeltonne in unserer „Urwaldschmiede" mit einfachen Heimwerkergeräten ohne Schweißarbeiten aus zwei Blechtonnen und im Handel erhältlichen oder vom Schrottplatz beschafften Material. Die Außenbeschichtung mit hitzefester schwarzer Ofenfarbe unterstreicht dabei die rustikale Note.

Neben dem einfach durchführbaren Heiß- und Kalträuchern haben wir auch schon z. B. zwei Gänse oder vier Enten auf dem Rost oder zwei Enten bzw. drei Hähnchen oder mehrere größere Fleischstücke saftig und auf Wunsch auch gut gebräunt am Spieß gegart. Auch je zwei größere Braten bzw. je ein solcher und gleichzeitig Beilagen geraten trefflich. Herzhaft duftende Brote, Kuchen, Pizzen, überbackene Karpfen oder Hechte sowie ein Frischling im Ganzen oder ein zerlegtes Jungreh sind nur einige Beispiele, die uns immer wieder einen Zungenschnalzer entlocken. So haben wir mit den unterschiedlichsten Zubereitungsarten sowohl Fische aus dem eigenen Fang als auch Fleisch, Wurst, Geflügel und was der Vorrat sonst noch so hergab einfach und rustikal in leckere Mahlzeiten verwandelt. Und während wir uns dann zum Nachtisch gefüllte Bratäpfel oder flambierte Apfelpfannkuchen munden ließen, simmerte das Wasser für den nicht zu vermeidenden Abwasch bereits im großen Topf über der Resthitze der Glut.

Um den Rahmen des Buches nicht zu sprengen, können wir unser „Kombigerät" hier nur kurz vorstellen. Wir haben unser Kombigerät unter der Bezeichnung „Räucher-Grill-Küche" beim deutschen Patent- und Markenamt angemeldet (DE 101 45 023 A1).

Heringe werden in der senkrecht aufgestellten Obertonne heiß geräuchert.

Quer gelegt dient die Obertonne als rustikale Feuerküche für die verschiedensten Zubereitungsmethoden.

Senkrecht oder waagerecht – heiß oder kalt

Das Gerät besteht u.a. aus zwei 200 Liter fassenden farbfreien Tonnen aus verzinktem Blech, die zum senkrechten Heiß- oder Kalträuchern aufeinander gesetzt und mit einem Klemmring fest und dicht verbunden werden. Ein Wetterdeckel schützt die Abzugsöffnungen vor Niederschlag. Im oberen und unteren Geräteteil befindet sich je eine große verschließbare Türöffnung mit justierbaren Durchbrüchen für die Zugregulierung und Be- und Entlüftung. Die Gesamthöhe ermöglicht das besonders einfache Heißräuchern auch von Aalen und Hornhechten. Wir haben mitunter aber auch nur die Obertonne senkrecht aufgestellt, um z.B. Heringe und Forellen heiß zu räuchern.

Auch beim Kalträuchern wirkt sich die Höhe in Kombination mit der wahlweise einsetzbaren Isolierung und der möglichen Wärmeabführung sehr günstig aus. Zudem schützt eine einfache Sperre das Räuchergut vor herabtropfendem Kondensat. Stangen oder Ketten nehmen das Räuchergut an Haken oder Spießen in mehreren Etagen auf.

Flachgelegt: Die Feuerküche

Werden beide Tonnen nach Lösen des Klemmringes getrennt, kann das zuvor obere Geräteteil waagerecht z.B. auf Gartenpflanzsteine mit Innenkehlung oder auf einem Sägebock aus Metall aufgestellt werden. Dieses obere Geräteteil ist so ausgestattet, dass je nach Bedarf Zusatzteile zum Grillen mit oder ohne Drehspieß, zum Braten, Backen, Kochen, Dünsten, Schmoren sowie zum Heißräuchern mit liegender Einbringung des Räuchergutes eingesetzt werden können. Eine seitlich montierte Feuerklappe ermöglicht das Nachlegen von Holz oder Holzkohle unterhalb der Garebene, ohne dass die Gargeräte entnommen werden müssen.

Isolierung

Räucheröfen für den Freizeitbereich sind meist mit fest eingebauter Isolierung oder unisoliert gefertigt. Eine feste Isolierung hat u.a. den Vorteil, dass Energie gespart wird, wirkt sich außerdem günstig auf die Kondensatbildung aus und dämpft von außen bedingte Temperaturschwankungen (z. B. durch Windeinwirkung) deutlich ab. Andererseits ist die Herstellung im Vergleich zum unisolierten Ofen aufwändiger, wodurch diese Geräte natürlich teurer sind.

Für uns war es je nach Gerätetyp besonders bei höheren Außentemperaturen oft recht schwierig, zu hohe Temperaturen so zu reduzieren, dass die Maximaltemperatur beim Räuchern nicht überschritten wurden, ohne dass gleichzeitig unerwünschter Rauchverlust eintrat. So kam es etwa beim Heißräuchern in Geräten mit fester Isolierung durch die beim Nachlegen von Holz entstehende Zusatzhitze zur Überwärmung des Räuchergutes. Beim Kalträuchern trat dies mitunter auf, wenn die Spanglut zur kräftigen Rauchentwicklung nachgeschürt wurde. Öffnete man dann die Tür, um schnell Wärme abzuleiten, entwich auch der Rauch für eine gewisse Zeit. Besonders bei isolierten Geräten sollte man deshalb auf eine zuverlässige Temperaturanzeige nach dem Schüren der Glut achten.

▸ Auswechselbare Teilisolierung

Wir haben für unsere Räucher-Grill-Küche als preiswerte Alternative im oberen Bereich eine auswechselbare Teilisolierung durch z. B. geeignete Wellpappe vorgesehen. Man kann sie je nach dem im Winter einsetzen und im Sommer ganz oder teilweise entfernen. Da das Material saugfähig ist, wird auch ein Teil der überschüssigen Feuchtigkeit besonders während der Garphase aus der Rauchkammer aufgenommen.

Flammensperre

Der untere Boden der „Obertonne" dient als Auffangblech sowie als Flammensperre und man kann außerdem Alufolie auflegen, sodass herabtropfendes Fett so weit vor der Flammenzone aufgefangen wird, dass es nicht verbrennt. Außerdem lässt sich so das Ansengen und Aufplatzen von langen oder tief hängenden Fischen weitgehend verhindern.

Hier teste ich das Kalträuchern mit Ober- und Untertonne. Der Spaneimer ist gut gefüllt und bringt für 12–14 Stunden Rauch.

Trocknen der Fische bei kleiner Flamme.

Heißräuchern in beiden aufeinander gesetzten Tonnen.

Die Bauchhöhle des Hechts ist mit Stöckchen aufgespreizt.

Ein echtes Multitalent

▸ Zum Kalträuchern

Ist z. B. ein 10 Liter fassender Blecheimer mit ca. 8 Litern Spanmaterial gefüllt, kann sich über etwa 14 Stunden Rauch entwickeln. Da beim Intervallräuchern Rauchpausen von mehreren Stunden oder gar Tagen üblich sind, ist die justierbare Lüftungsöffnung in der unteren Tonne hinter dem Regelschieber mit Drahtgaze gegen das Eindringen von Insekten oder gar Mäusen gesichert.

Bei einer maximalen Außentemperatur von 12 °C, 3 cm Spanhöhe und U-förmiger Verglimmung kann man auch Wurst, Speck, Makrelen, Heringe und Stücke von Lachsfilets in der separat aufgestellten „Obertonne" bei oberster Einbringung kalt räuchern. Bei ganzen Lachsfilets, die ja mit den unteren Enden kurz über der Spanglut hängen und somit schnell versengen würden, funktioniert dies wegen der Überwärmung im unteren Bereich aber nicht.

▸ Heißräuchern mit liegender Einbringung

Das obere Geräteteil ist auch zum Räuchern ganzer liegender Fische wie z. B. Aale und / oder Hornhechte bis zu ca. 75 cm Länge geeignet. Außerdem lassen sich Geflügelteile oder Stücke anderer Fleischarten lecker garen und vergolden. Ein Thermometer kann in den Türdeckel eingesteckt werden.

▸ **Grillen mit Spieß und Abtropfwanne**

Ob nun Enten, Hähnchen oder Fleischstücke gegrillt werden sollen, das Verbrennen von herabtropfendem Fett oder Fleischsaft ins Feuer oder die Glut ist hier weitgehend vermeidbar. Gleichzeitig finden Beilagen wie z. B. Kartoffeln oder Gemüse auf einem Grillgitter Platz. Die Abstände der einzelnen Bauteile zueinander sind so gewählt, dass die Befeuerung mit Holzkohle oder geeigneten Holzstücken so möglich ist, dass das Grillgut nicht verkokelt. Abtropfendes Fett läuft nach außen in einen Behälter ab. Ein Adapter nimmt den Grillspieß und den handelsüblichen Grillmotor oder eine Handkurbel auf.

▸ **Grillen auf dem Rost**

Der Türdeckel erhält auf Wunsch eine Isolation aus Alufolie. Man kann so direkt oder indirekt grillen oder auch Beilagen in Folie garen. Bei geschlossenem Türdeckel ist eine besonders rasche und vor Niederschlag geschützte Garung möglich.

Lassen Sie Kinder und Tiere niemals unbeaufsichtigt mit dem Räuchergerät alleine, wenn es in Betrieb ist!

▸ **„Pütt und Pann"**

Für die Zubereitung der Speisen reichen einfache, auch Omas ausrangierte Küchenutensilien aus. So sind alte schwarze Eisen- oder Gusseisenpfannen mit langen Griffen besonders gut geeignet. Auch Pfannen aus Edelstahl sind verwendbar. Back- und Bratbleche sowie Brat- oder Grillroste mit geeigneten Maßen aus dem Küchenherd bieten sich ebenfalls an. Da Bratbleche tiefer sind als Backbleche, kann man sie vielseitiger z. B. auch zum Braten, Schmoren, Dünsten oder auch Backen benutzen. Auch alte Enten- oder Gänsebräter aus Stahl, Gusseisen oder in emaillierter Stahlausführung lassen sich zum Braten, Schmoren, Dünsten oder zum Pochieren von Fisch einsetzen. Die Geräte müssen frei von Plastik- und Holzteilen sein. Lediglich lange Pfannenstiele können einen Holzgriff tragen.

Vorsicht heiß!

Beim Umgang mit Feuer und Glut ist stets größte Sorgfalt und das Einhalten der örtlichen Vorschriften nötig. Dazu gehört: Anweisungen der Hersteller beachten. Geräte kippsicher aufstellen. Windeinwirkung beachten – sie kann bei geöffneten Geräten zu Funkenflug und Brandgefahr führen. Kinder und Haustiere nur unter Aufsicht in die Nähe der Geräte lassen. Geeignete Schutzhandschuhe gegen Verbrennungen tragen. Elektrokabel von heißen Geräteteilen fernhalten. Auf ausreichenden Abstand zu brennbaren Materialien achten. Nur zugelassene Anzündhilfen für Holzkohle und Holz nach Vorschrift des Herstellers verwenden. Niemals Benzin, Spiritus oder ähnliche Mittel zum Anzünden oder Wiederanfachen einsetzen. Bei diesen Stoffen können bereits kleinste Glutpartikel zu gefährlichen Verpuffungen und Explosionen führen. Asche erst entfernen, wenn diese abgekühlt und frei von Glutpartikeln ist. Und immer ein geeignetes Löschmittel bereithalten.

Grillgenüsse im Schein des Feuers

▶ Zurück zur Natur 114
▶ Sicherheit geht vor 114
▶ Grundausstattung für Lagerfeuerköche 117
▶ Unsere kleine Reiseküche 118
▶ Fisch vom Grillfeuer 120
▶ Der Klassiker: Steckerlfisch 124
▶ Fleisch und Wurst lecker gegrillt 126

Zurück zur Natur

Es sind gerade in der heutigen schnelllebigen, von Stress, Elektronik und Technik bestimmten Zeit die einfachen, ursprünglichen Dinge und Momente, denen sich viele wieder gern zum Entspannen und Besinnen zuwenden. So setzen sich oft die unterschiedlichsten Menschentypen aus verschiedenen gesellschaftlichen Schichten im Schein des Lagerfeuers zusammen, um sich über einen einfach-rustikal in der Glut gebrutzelten Happen zu freuen. Einmal erlebten wir einen sonst eher vornehmen Menschen aus der Vorstandsetage, der sonst seine Teetasse mit abgespreiztem kleinen Finger hält, wie er sich nach dem Essen die Lippen ganz in Gedanken versunken mit dem Ärmel abwischte. Macht das der Feuerzauber? Auch der Nachwuchs lässt sich immer wieder gern vom Schein des Computer-Monitors weg zum Schein des Lagerfeuers locken. Hier werden dann aus Stubenhockern quirlige Gesellen, die im wahrsten Sinne des Wortes mit Feuereifer Brennholz suchen und mit glänzenden Augen ein Würstchen am Stock braten.

Ein ganzes Grill-Menu wartet auf die Petrijünger

Sicherheit geht vor

Bevor die Flammen lodern, sind jedoch die nötigen Sicherheitsbe-

SICHERHEIT GEHT VOR | 115

Anzünden und löschen

Zum Anzünden des Holzfeuers eignen sich die abgeplatzte weiße Haut der Birkenrinde, hochstehende vertrocknete Krautstängel, trockenes Gras, dürre noch am Baum hängende Äste, trockene Tannen- oder Kieferzweige sowie trockenes hochliegendes Fallholz. Wer es bequem möchte, nimmt die für das Grillen üblichen Anbrennhilfen mit. Mittel wie Benzin oder Spiritus sind grundsätzlich wegen der damit verbundenen Explosions- und Verletzungsgefahr nicht zulässig.
Zum Ablöschen einer Feuerstelle eignet sich am besten Sand. Sind Glut und Asche damit bedeckt, kann vorsichtig Wasser darauf gegossen werden. Gießt man Wasser direkt in die Glut oder über aufgeheizte Steine, kann es zu einer gefährlichen Dampfwolke kommen, die leicht zu Verbrennungen führen kann.

Frisch gefangenen Fisch direkt an Ort und Stelle am offenen Feuer gegrillt – was will man mehr?

stimmungen der jeweiligen Region zu beachten. Es muss zweifelsfrei sicher sein, dass das Betreiben einer Feuer- bzw. Kochstelle zulässig ist. Außerdem ist ein ausreichender Abstand zu brennbaren Bereichen, Gegenständen und Stoffen einzuhalten und die Feuerstelle stets zu beaufsichtigen. Dabei ist auch die Windeinwirkung und evtl. Funkenflug zu berücksichtigen. Auch Löschmittel wie z. B. Sand oder Wasser und eine geeignete Schaufel sollte man immer bereithalten. Die Feuerstelle selbst muss so mit einem Stein- oder Sandwall umgrenzt werden, dass sich kein Schwelbrand durch z. B. umherliegendes Laub oder trockenes Gras entwickeln kann. Auch eine ausreichend tiefe Grube im Sand kann diesen Zweck erfüllen. Und es ist natürlich Ehrensache, die Feuerstelle aufgeräumt zu verlassen!

GRILLGENÜSSE

▶ Lagerfeuer entzünden

Wer noch nie ein Lagerfeuer angelegt hat, kann so vorgehen: In die Mitte der Feuerstelle eine Astgabel so in den Boden stecken, dass das gegabelte Ende 30 cm aufragt. Nun trockene Krautstängel einknicken und um den Pflock legen. Dann dünnes Kleinholz so pyramidenförmig um den Pflock herumstellen, dass eine Öffnung zum Anzünden bleibt. Steht Birkenrinde zur Verfügung, diese so in die Öffnung geben, dass sie leicht mit dem Streichholz erreichbar ist. Beginnt das Kleinholz zu brennen, wird etwas dickeres Holz nachgelegt.

▶ Feuer und Glut

In unseren Breiten eignet sich trockenes Fallholz von harzfreien Laubbäumen besonders gut. Der von diesen Hölzern aufsteigende Rauch überträgt ein herzhaftes Aroma auf das Grillgut.

Wichtig ist ein ausreichender Holzvorrat, da meist eine größere Glutmenge benötigt wird. Muss man zwischendurch erst wieder nach Holz suchen und dieses wiederholt nachlegen, gestaltet sich die Sache doch recht unruhig. Verwendet man Holzkohle, muss diese vor Grillbeginn bis zum äußeren Weißbrand durchgeglüht sein. Ist das Nachlegen von Holz oder Holzkohle erforderlich, muss man die erneute Wartezeit berücksichtigen. Hat sich genug Glut entwickelt und die Flammen züngeln nur noch leicht, sind Fische und Gerät schon vorbereitet und das Grillen kann beginnen.

Vorsicht:
Streifen von Birkenrinde...

Grundausstattung für Lagerfeuerköche

Unsere Grundausstattung besteht meist aus Klappspaten, Campingbeil „für alle Fälle", Campingbesteck, Messer, einem Schneidbrett, Streichhölzern, Feuerzeug, einem Küchentuch, feuerfester Alufolie, Bindedraht, Trinkwasser, Pinzette, Pflaster und Müllbeutel. Ein aus lebensmittelechtem Material bestehender Eimer ist äußerst vielfältig einsetzbar. Wir haben uns z. B. ein passendes Salatgebinde aus einer Gaststätte beschafft. Unterwegs dient der Eimer mit all den Kleinigkeiten gefüllt als praktischer Staubehälter. Zum Reinigen haben wir Stahlwolle, Küchenschwamm, Reinigungsmittel und Küchenpapier dabei. Standen diese Dinge einmal nicht zur Verfügung, haben wir uns auch schon mit Grassoden, Sand und Seewasser beholfen.

An Zutaten schätzen wir Salz, Pfeffer, Paprikapulver und Zucker in übliche Filmdosen umgefüllt. Diese Döschen sind unzerbrechlich, leicht, ausreichend wasserdicht, gleich groß, kostenlos und beim Transport rieselt nichts heraus. Es gibt dafür inzwischen sogar spezielle Deckel mit Streueinsatz zu kaufen. (z. B. als Outdoor-Zubehör). Butter füllen wir gern in ein kleineres Schraubglas, Öl in eine Plastikflasche für Zitronensaft. Gekörnte Gemüsebrühe ist in einer Plastikdose mit Schraubdeckel gut aufgehoben. Stehen dann noch Speck, Zwiebeln, Kartoffeln und Brot bereit, lassen sich zahlreiche leckere Mahlzeiten am Lagerfeuer zubereiten – ergänzt durch Zutaten, die uns die Natur überlässt.

...entflammen mit starker Rauchbildung sehr schnell und kräftig.

Unsere kleine Reiseküche

Unsere kleine Reiseküche: Ein Gitter und vier Alurohre.

Sie ist im Nu aufgebaut und bereit zum Brutzeln.

Gegrillter Fisch vom Lagerfeuer beschert, wenn Vor- und Zubereitung der zarten Fleischstruktur angepasst sind, besondere Gaumenfreuden. Im Regelfall wird die Feuerstelle ja mit einem ausreichend hohen Steinring umlegt, der dann auch einfach den Grillrost aufnehmen kann. Sind keine Steine vorhanden, kann das Gitter auch auf in die Erde gesteckte Astgabeln abgelegt werden – so, dass die Äste nicht verbrennen.

Um unterwegs von geeigneten Steinen und Astgabeln unabhängig zu sein, haben wir uns einen einfachen Biwak-Grill gebastelt, der uns auch schon auf Flugreisen begleitet hat. So gab es auch an fernen Küstengestaden mit fast schon Wüstencharakter stets die Möglichkeit, selbst gefangene Fische oder andere Leckereien ohne lange Suche nach geeigneten Utensilien schmackhaft zu garen. Brennmaterial z. B. in Form von Treibholz, vertrockneten Palmzweigen, dürrem Fallholz oder Gestrüpp ließ sich eigentlich immer finden.

Wir benutzen ein leichtes kleines Edelstahlrost, welches auf vier in die Erde gesteckte, ca. 25 cm lange Alurohre mit 1 cm Durchmesser abgelegt wird. Um das Gitter sicher zu halten, sind gabelförmig gebogene Drahtstücke mit abgerundeten Enden in die oberen Rohröffnungen gepresst. Unten einfach flach gedrückt und, wenn gewünscht, angespitzt, lassen sich die Rohrstützen recht gut in den Boden stecken.

▶ **Kreativ mit Alufolie**

Eine Rolle hitze- und reißfester Alu-Grillfolie (44 cm breit) ermöglicht dazu die Fertigung provisorischer Gargeräte. So bildet z. B. ein gerades, seitlich zu einem umlaufenden Rand aufgefalztes Stück Folie eine simple Ersatzpfanne. Wird die Folie in Form einer Schale mit hohem Rand geformt, mit dem Gargut befüllt und oben zugefalzt, steht ein Ersatztopf mit Deckel" zur Verfügung. Natürlich kann man auch einen ganzen Fisch mit oder ohne Gemüse so in die Folie einfalzen, dass ein Ersatzbräter entsteht. So kann man also auf dem Gitter grillen, braten oder kochen und in der Glut bzw. Asche darunter Kartoffeln, Gemüse oder zum Nachtisch einen Bratapfel in Folie garen.

▶ **Räuchern mit der Reiseküche**

Steht geeignetes Holzmaterial zur Verfügung, ist das Gerät auch zum Grillräuchern einer kleinen Mahlzeit (eine Portionsforelle oder ein bis zwei Hähnchenkeulen) nutzbar. Hierzu lässt man das Feuer bis zum Erreichen einer ausreichenden Glutmenge niederbrennen und legt das vorbereitete Gargut (Fisch mit dem Rücken nach unten) auf das im kalten Zustand eingeölte Gitter.

Nun wird aus einem entsprechend großen Stück kräftiger Grill-Folie eine Abdeckung in Form eines Sitzdaches gefaltet. Hierzu die Folie an den Trennrändern umfalzen und einmal so falten, dass eine längliche Dachform entsteht. Dann an beiden Enden des „Daches" die mittlere Faltkante – den „Dachfirst" – ca. 10–12 cm einschneiden und die entstandenen Folienflügel an beiden Stirnseiten so falten, dass das entstandene „Spitzdach" beidseitig geschlossen ist.

Nun das Dach über das Grill-Räuchergut setzen und am Gitter anfalzen oder auf den nach außen etwas umgelegten langen Dachkanten mit geeigneten Steinchen beschweren. Eine weitere Dachverankerung lässt sich mit zwei an beiden Seiten eingespalteten frischen Zweigen konstruieren, die dem Dach in etwa nachgeformt so mit den eingespalteten Enden auf das Gitter gesteckt werden, dass sie das Dach an beiden Endbereichen festhalten.

Nun Spanmaterial aus frischen, im Saft stehenden Zweigen mit Messer oder Beil zerkleinern und so auf die Glut geben, dass kräftiger Rauch ohne Flammenbildung entsteht. Für diesen Zweck eignen sich auch kleinere Stücke von frischen dickeren Ästen. Besonders gut ist hier Material von der Weide verwendbar. Sollten doch einmal Flammen züngeln, diese sofort mit einem angefeuchteten belaubten Zweig austupfen.

Alufolie ist ein echtes Multitalent. Nicht nur Fisch, auch leckere Beilagen lassen sich damit ganz einfach auf dem Grill zubereiten.

Fisch vom Grillfeuer

▶ **Geeignete Fischarten**

Neben den zum Grillen gut geeigneten fettreichen Arten wie Aal, Hering, Makrele und ggf. Lachs bringen auch weniger fette Flossenträger wie etwa Forelle, Saibling, Äsche, Zander, Hecht, Barsch, Rutte, Wels, Hornhecht, Plattfisch, Aalmutter, Dorsch usw. interessante Gaumenfreuden.

Fettreiche Fische wie Hering und Makrele werden aufgeklappt oder in Filetform gegrillt und geraten durch die größeren „Knusperflächen" weniger mächtig und besonders lecker. Gehäutete kleine und mittelgroße Aale munden in 5–6 cm langen Stücken gut. Von dickeren Exemplaren lassen sich vorzüglich enthäutete Filets schneiden und am Spieß brutzeln.

▶ **Mit Haut**

Um den Fleischsaft weitgehend zu erhalten und das Auseinanderfallen zu vermeiden, werden Fische (außer Aal) in der Regel mit der Haut gegrillt. Auch an Filets und Karbonandenstücken sollte man die Haut dran lassen. Wer – was sehr zu empfehlen ist – die knusprige Haut mitessen möchte, muss die Fische natürlich vor dem Zerteilen entschuppen.

Sollen Fische im Ganzen gegrillt werden, schneidet man sie auf beiden Rückenseiten mit einigen quer geführten Schnitten ein. Dies hilft beim Durchwürzen und verhindert weitgehend das Aufreißen und Verkrümmen des Fischkörpers. Um das Auseinanderfallen der so vorbereiteten Flossenträger zu verhindern, sind entsprechende Grillkörbe oder gerippte Aluschalen empfehlenswert. Die Aluschalen halten abtropfendes Fett von Glut und Feuer fern und lassen dennoch den aromatischen Rauch des Holzfeuers an das Grillgut gelangen.

▶ **Im Handkorb**

Auch für kleinere fetthaltige und weichfleischige Arten wie Hering, Sardine oder Makrele sowie für Filets und Karbonaden eignen sich kleinere mit der Hand zu führende Grillkörbe oder -gitter sehr gut. Angeboten werden diese nützlichen Hilfsgeräte in unterschiedlichen Größen, sodass ein Einzelfisch oder bis zu drei Exemplare untergebracht werden können. Das Griffstück sollte bei ausreichender Länge mit Holz beschlagen sein.

So kann man sich „spießigen" Fisch doch ganz gut schmecken lassen…

▶ **Fisch mal ganz schön spießig**

Für festfleischige Fische wie z.B. Zander, Barsch, Hecht, Hornhecht und Aal gibt es eine weitere interessante Zubereitungsart. Stücke in mundgerechter Größe werden abwechselnd zusammen mit – je nach Geschmack – durchwachsenem Speck, Garnelen und verschiedenen Gemüsen wie Paprikastücken, Pilzköpfen, Zwiebel- und Gurkenscheiben auf einen Spieß mit möglichst flacher, gut greifender Klinge gesteckt.

▶ **Abtrocknen und ölen**

Bevor ganze Fische oder Fischteile über die Glut kommen, müssen sie abgetrocknet und gewürzt werden. Fettarme Fische kann man zur Geschmacksaufbesserung auch mit Streifen von durchwachsenem Speck belegen. Lässt man Haut und Schnittflächen nach dem Würzen etwas antrocknen, erhält das Grillgut eine bessere Festigkeit und klebt nicht so leicht an den Metallstäben fest.

Wichtig ist es, sowohl die gewürzten Fische als auch den Grillrost einzuölen, bevor beides über die Glut kommt. Das geht am besten mit einem Pinsel mit weichen Borsten. Wird dies versäumt,

Mit den praktischen Gitterkörben kann man Fisch ganz einfach wenden, ohne dass er zerfällt.

bleibt die Haut des Grillgutes oft schon beim ersten Wenden an den Stäben hängen. Sind ganze gut vorgetrocknete Fische mit Haut im Grillkorb untergebracht, ist das Einölen zwar günstig, jedoch nicht ganz so zwingend nötig, wie wenn die Fische direkt auf dem Rost abgelegt werden. Sie müssen Sie zum Wenden ja nicht vom Gitter lösen.

▶ **Würzen**

Eine Würzmarinade aus Öl und Gewürzen kann für leckere Geschmacksvarianten sorgen. Ganze Fische werden nur innen leicht gesalzen. Außenhaut und Fischteile salzt man zur Vermeidung des Fleischsaftverlustes erst kurz vor Beendigung der Garzeit. Gepfeffert wird nach persönlichem Geschmack. Kräuter wie Petersilie, Thymian, Dill, Schnittlauch und auch Rosmarin machen sich, in die Bauchhöhlen der Fische gefüllt, ebenfalls gut. Fettreiche Fische wie Hering, Makrele und Aal vertragen auch Majoran bzw. Oregano oder Thymian auf Haut und Schnittflächen.

Am Lagerfeuer bringt eine Würzung mit edelsüßem Paprikapulver nach dem Einölen eine besonders delikate knusprig-braune Oberfläche.

Lässt man zudem etwas Butter kurz vor Ende der Garzeit auf dem Grillgut verlaufen, bleiben die Zungenschnalzer nicht aus. Um zu vermeiden, dass Butter und Paprikapulver anbrennen, ist hierbei auf eine nur mäßige Hitzezufuhr zu achten.

Würzideen

Würzmarinade
Während des Grillens mit dem Pinsel aufgebracht, bringt folgende Marinade eine pikant-scharfe Note: Saft einer Zitrone, 1 El Balsamico-Essig, 1 El Sojasoße, 1 Tl Tabasco, 1/2 Tl Salz, 1 Tl Honig, 3 El Öl. Alle Zutaten bis auf das Öl so miteinander vermengen, dass sich Salz und Honig gut auflösen, dann das Öl gründlich unterrühren. Wird zwischendurch und kurz vor Beendigung der Garzeit nachgebeizt, ergibt sich ein besonders herzhaftes Aroma.

Würze aus dem Gurkenglas
Manchmal hat man einfach Lust, zum lecker gegrillten Fisch auch noch einen knackigen Salat zuzubereiten. Oft fehlt es dann aber an geeigneten Zutaten wie etwa Zitrone, Essig oder Zucker und Kräutern für die Salatsoße. Findet sich im Vorrat jedoch ein Glas mit Gewürzgurken, lässt sich der Sud im Handumdrehen zum pikanten Abschmecken von Salaten – aus z. B. Löwenzahn, Gänseblümchen, Sauerampfer und Brunnenkresse – verwenden. Verrührt man ein wenig Sud mit Quark oder Joghurt, lässt sich rasch ein pikanter Dip aus dem Hut zaubern. Am Lagerfeuer oder auf dem Grill erhält in Alufolie gegarter Fisch mit einem Schuss Gurkensud und einem Klacks Butter verpackt eine interessante Geschmacksnote.

Das Brutzeln am Strand ist vorbereitet...

▶ **Strahlungshitze**

Um Haut und Fleisch der Fische nicht anbrennen oder unnötig aufplatzen zu lassen, ist stets darauf zu achten, dass die Garung nur durch die Strahlungshitze, ohne direkten Flammenkontakt erfolgt. Zu Beginn des Garvorganges kann die Strahlungshitze noch recht hoch sein. Dies hat den Vorteil, dass sich die äußere Fleischschicht etwas festigt und der Fleischsaft nicht so leicht austreten kann. Sollten sich nach einigen Sekunden kleine Anröstungen zeigen, ist der Abstand zur Glut möglichst rasch zu vergrößern.

▶ **Wenden mit dem Heber**

Filets werden zuerst mit der Haut nach oben abgelegt. Sobald das Fleisch nach 1–2 Minuten eine weiße und kurz darauf hellbraune Farbe angenommen hat, werden die auf dem Rost liegenden Stücke vorsichtig mit einem Heber mit breitem dünnen Blatt von den Stäben gelöst und gewendet. Bei größeren Fischen, Karbonaden oder Filets kann ein zweiter Heber recht hilfreich sein, um zu verhindern, dass die Stücke zerfallen. Ganze Fische mit fester Haut sind bis zur Portionsgröße relativ einfach mit dem Heber oder einer Grillzange zu wenden. Schwierig zu handhabende Stücke werden nach dem Bräunen nur einmal gewendet. Ist die zweite Seite nach dem Wenden ebenfalls gefestigt und leicht gebräunt, wird der Abstand zur Glut vergrößert.

▶ **Im Folienpack**

Natürlich lassen sich Fisch und Gemüse auch im Folienpack auf dem Rost über dem Lagerfeuer vielfältig zubereiten. Im Vergleich zum offenen Grillen kann hier nichts abfallen. Und auch die Gefahr des Anbrennens ist deutlich geringer. Außerdem kann man den sich in der Folie sammelnden würzigen Garsaft als leckere Stippe zu in der Glut gegarten Kartoffeln und zum Fisch genießen.

...und beschert auf Blech und Gitter bereitete Gaumenfreuden.

Steckerlfisch – so muss er aussehen.

Der Klassiker: Steckerlfisch vom Lagerfeuer

Zünftig und stimmungsvoll ist das Brutzeln der Steckerlfische nach Waldläuferart. Steckerl bedeutet so viel wie Stock oder Stecken – und auf Stöcke werden die Fische auch aufgesteckt. Wegen ihres grätenarmen, festen und auch ausreichend fetten Fleisches eignen sich Forellen und Saiblinge bis ca. 500 g besonders gut. Auch Barsche haben wir schon ganz lecker „gesteckerlt".

Heiß vom Feuer, lediglich mit etwas Salz gewürzt, munden uns die Flossenträger besonders gut. Steht Butter zur Verfügung, ist es günstig, die Haut während der Garung damit ein- bis zweimal zu bestreichen. Als Beilagen passen in der Glut mitgegarte Kartoffeln, am Spieß geröstetes helles Brot sowie Tomaten und Gurke. Hat man einige Pilze gefunden und etwas Alufolie dabei, lässt sich das Mahl noch mit in Butter gedünsteten Schwammerln bereichern.

▶ Der Spieß

Aus einem geraden frischen Zweig geschnitten, erhält die Spitze eine abgeflachte Klingenform. Sie wird durch Maul und Bauchhöhle des ausgenommenen und gesäuberten Fisches geführt und seitlich an der Hauptgräte entlang bis kurz vor den Schwanzwurzelansatz in das Fleisch eingeschoben. Gerät die Spitze zu dick oder wird der Spieß zu weit in das Fleisch gesteckt, kann der Fisch aufreißen und herunterfallen. Um das Drehen des Flossenträgers über dem Feuer zu erleichtern, schnitzen wir den Spießzweig so, dass er im Kiemenbereich eine kurze zugespitzte Gabelung aufweist. Möchte man den Spieß nicht ständig in der Hand halten und den Fisch dennoch dem jeweiligen Hitzewert des Feuers angepasst auf die richtige Höhe bringen, kann man ihn auf zwei über Kreuz in die Erde gesteckte Gabelstöcke (s. u.) ablegen.

▶ Das Garen

Die gründlich gereinigten und gespülten Fische gut vortrocknen. Die Feuerstelle mit harzfreiem Laubholz und den Spießstützen einrichten. Die Fische nur innen leicht salzen, wie beschrieben aufstecken und weiter antrocknen lassen. Züngeln die Flammen bei ausreichend vorhandener Glut nur noch verhalten, kommen die Fische über das Feuer. Die Flammen sollten den Schuppenträger möglichst nicht erreichen, da er sonst schwarz anbrennt oder aufplatzen kann. Die Spieße auch nicht zu dicht über die Glut bringen und bei zunehmender Bräunung mit Gefühl drehen. Lässt man einige frische Weidenzweige mit verglimmen, erhält die einfache Leckerei einen zusätzlichen Aromapfiff.

Ein Fisch in Portionsgröße gart in etwa 20–25 Minuten durch. Wie beim Räuchern muss sich die Rückenflosse beim garen Fisch leicht herausziehen lassen. Ist das Fleisch hier durchgehend weiß und nicht mehr glasig, ist das Ziel erreicht.

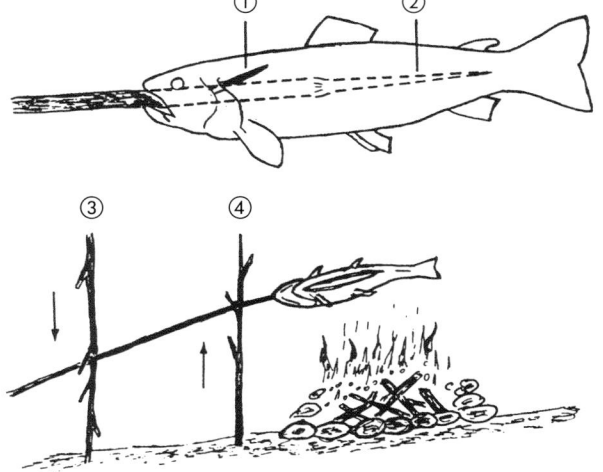

1 Im Kiemenbereich sollte der Spieß zum besseren Drehen eine kurze Gabelung aufweisen.
2 Die Spitze des Spießes ist klingenförmig abgeflacht.
3 Bei der hinteren Spießstütze zeigen die Gabelungen nach unten.
4 Bei der vorderen Stütze zeigen die Gabelungen nach oben.

Zweimal Geflügel vom Grill – einmal die rustikale Variante (vgl. Klapphahn S. 132) …

Fleisch und Wurst lecker gegrillt

Auf dem einfachen Biwak-Grill wird ja meist direkt über der Glut gebrutzelt, sodass abtropfendes Fett in die Glut gelangen kann. Dies führt leicht zu Aufflammungen, die das Grillgut rasch verkokeln können. Außer dass die Genussqualtität gemindert wird, entstehen dadurch auch gesundheitliche Risiken. Deshalb gehören mit Nitritpökelsalz behandelte Stücke wie z. B. Kasseler nicht auf den Grill. Wir verwenden zum Grillen möglichst nur Fleischstücke mit geringem Fettgehalt. Auch bei Wurst sollten Saft und Fett unter der Pelle bleiben, damit nichts in die Glut tropft.

▸ **Gut gewürzt**

Eine einfache Würzung von Karbonaden, Steaks oder Rippenstücken nur mit Salz sowie Pfeffer aus der Mühle und ggf. etwas Knoblauch (frisch gepresst oder in Pulverform) oder ein wenig Thymian ist uns dabei meist lieber – und auf Reisen auch viel praktischer – als die Veredelung durch Marinaden. Auch ein wenig Paprikapulver (edelsüß), kurz vor dem Ende der Garzeit aufgebracht, bringt neben einer appetitlichen Optik einen gewissen Pepp. Bei zu viel Hitze wird Paprika allerdings schnell bitter und zu dunkel. Der Handel hält außerdem eine Vielzahl an Würzmischungen bereit. Und der eigene Geschmack lässt Spielraum und setzt den Maßstab beim Experimentieren mit den Zutaten.

Schnelle Marinade

Eine einfache Marinade für Fisch, Schwein und Geflügel wird aus 2 El Sonnenblumenöl, 2 El Kräuteressig, 3 El gemischten gehackten Kräuter, ½ Tl Knoblauchsalz und weißem Pfeffer aus der Mühle angerührt.

Mit Bier

Werden Fleisch und Wurst während des Grillens über der Glut hin und wieder mit etwas Bier benetzt, bleiben die Stücke saftiger und erhalten ein besonderes Aroma. Zudem ist ein Schuss des Gerstensaftes auch recht gut zum Ablöschen auflodernder Flammen geeignet.

▶ **Würzdip**

Ein zum gegrillten Fleisch gereichter Würzdip kann eine pikante Ergänzung sein. Hierzu ein Vorschlag: 1 Tasse Gewürzketchup, 1 El Senf, 1 1/2 El Balsamico- Essig oder 4 El Zitronensaft, 1 Tl gemahlener Pfeffer, ca. 1 Tl Tabasco, 3–4 zerdrückte Knoblauchzehen, 1 gestr. Tl Salz, 5 El Öl. Wer es schärfer mag, kann je ca. 1/2 Tl Pfeffer und Tabasco mehr dazu geben. Steht kein gesüßter Gewürzketchup, sondern eine ungesüßte Sorte zur Verfügung, 2–3 El Honig einrühren. Alle Zutaten gründlich

...und einmal (zwei leckere Enten) doch deutlich komfortabler.

miteinander verrühren. Soll der Dip etwas flüssiger sein, einfach einen Schuss Bier unterrühren und ggf. mit Pfeffer oder Tabasco nachwürzen. Lässt man den Gewürzketchup weg, ist dieser Dip auch für das direkte Grillen als Marinade zum Einlegen von Fleischstücken über Nacht geeignet. Probieren Sie es aus.

Für das indirekte Grillen neben oder zwischen der Glut kann der Dip auch mit dem Ketchup für etwa 2,5 kg Fleischstücke verwendet werden. Hierzu die Fleischstücke mit Öl einreiben und von beiden Seiten angrillen. Je nach Dicke der Stücke den Dip erst ca. 10–15 Minuten vor Ende der Garzeit wiederholt auf das Grillgut pinseln. Wird dies zu früh oder bei zu großer Hitze vorgenommen, verkokeln die Stücke.

Gaumenfreuden aus der Feuerküche

- *Braten mit der Gitterpfanne 128*
- *Braten mit der Stockpfanne 130*
- *Die „Räubradügriga" oder Multigabel 133*
- *Leckeres aus dem Knüppelbeutel 135*
- *Brutzeln mit dem Feuerstock 139*
- *Aus heißer Asche 140*
- *Die Biwak-Küche 141*
- *Kleine Brutzelküche 145*
- *Der Dutch-Oven 146*
- *Der Kleinkocher 146*

Die Gitterpfanne ist schnell aufgebaut.

Braten mit der Gitterpfanne

Alternativ zum Grillen am Lagerfeuer kann das Braten mit der Gitterpfanne z. B. dem Outdoor-Angler Leckeres auf dem Speisezettel bescheren. Nachdem wir einmal beim Nachtangeln in der Ostsee zwei Aale gefangen hatten, sollte es am nächsten Tag Brataal vom Lagerfeuer geben. Da keine Pfanne zur Verfügung stand, wurde unser kleines Grillgitter einfach mit Alufolie überzogen und zum Test erst einmal ein Stück Speck gebraten. Da dies gut verlief, vertrauten wir auch die Aale Folie und Feuer an.

▶ **Zubehör**

Für die Gitterpfanne brauchen Sie: Ein Grillgitter oder festes Drahtgeflecht ohne Farbe oder Plastiküberzug, das sich nicht durchbiegt, reißfeste Waben-Alufolie, 1–2 flach geschnitzte Stöckchen oder saubere dünne Brettstücke zum Wenden. Sollen stattdessen Messer oder Gabel Verwendung finden, ist besondere Vorsicht geboten, da die Folie leicht durchstochen werden kann. Zum Halten des heißen Gittergriffes dient ein trockenes Leinentuch oder ein kräftiger, vorn gespaltener Stock.

▶ **Zubereitung**

Die ausgenommenen, gesäuberten und kalt gespülten Aale abziehen. Wenn möglich die Flossensäume mit einer Schere entfernen und die Aale in 6–8 cm lange Stücke teilen. Nach Geschmack mit Zitronensaft beträufelt die Aalstücke 10 Minuten stehen lassen, dann gut trocken tupfen. Inzwischen Butter auf der Gitterpfanne über dem Feuer erhitzen und gut auf der Folie verteilen. Die Aalstücke salzen, pfeffern und in die aufschäumende Butter geben. Von zwei Seiten knusprig braun gar braten. Etwa eine Minute bevor der Fisch gar ist mit Paprikapulver bestreuen und alles noch einmal wenden.

Natürlich lassen sich so auch zahlreiche andere Leckereien wie Spiegeleier, Fischfilets, Bratwürste, Karbonaden und vieles mehr am Lagerfeuer mit der Gitterpfanne brutzeln. Ihrer kulinarischen Kreativität sind hier wirklich kaum Grenzen gesetzt.

Gebratener Aal
Zutaten pro Person: 250–300 g frischer Aal, 50 g Butter, Paprikapulver (edelsüß), Zitrone, Salz, Pfeffer

Mit Gurke, Tomaten und Brot serviert eine leckere Mahlzeit.

Die Stockpfanne –
ein zünftiges Provisorium.

Braten mit der Stockpfanne

Steht weder eine übliche Bratpfanne noch eine Gitterpfanne zur Verfügung, kann man sich aus einer geeigneten Astgabel und einem Stück Alufolie eine provisorische Stockpfanne für den Einsatz am Lagerfeuer basteln. So lässt sich der Heißhunger auf einen selbst gefangenen, lecker gebratenen Fisch oder auch Spiegeleier mit Speck doch noch stillen.

▸ **Zubehör**

Benötigt wird eine Astgabel mit einer „Zinkenlänge" von 70 cm, die „Zinken" sollten einen Durchmesser von mindestens 2 cm haben. Der

Abstand zwischen den Zinken kann 20–25 cm betragen. Als Grifflänge sind 80 cm ausreichend. Frische Zweige sind – wenn gestattet – wegen der Holzfeuchte besonders geeignet. Stehen nur trockene Zweige zur Verfügung, sollten die Zinken gewässert werden. Weiterhin ist ein Stück wirklich hitze- und reißfester Alufolie von etwa 44 cm Breite und 80–90 cm Länge erforderlich.

▸ **So geht's**

Die Folie über die Länge mit der blanken Seite nach innen zusammenlegen und die Enden miteinander verfalzen. Nun die Zinken der Gabel zwischen die jetzt doppelt liegende Folie schieben. Die Folie an der Oberseite (Bratseite) zu einer Fläche formen und die Gabel mit dieser Fläche nach unten ablegen. Nun die überschüssige Folie so zusammenfalzen, dass sich die Bratfläche bildet und den langen Falzwulst an eine Zinke drücken. Die Zinken befinden sich nun innerhalb der Folie und sind so vor direkten Flammen geschützt.

Jetzt noch die Doppelfolie möglichst dicht zusammendrücken und einen umlaufenden, nach oben weisenden Rand ausformen – fertig ist die Stockpfanne. Durch die doppelt gelegte Folie ist die Gefahr des Anbrennens auch über den Flammen deutlich gemindert.

Eine zweite Möglichkeit besteht darin, im vorderen Bereich der Gabel einen beidseitig eingespaltenen Stock einzuklemmen und die Folie mit der blanken Seite nach oben so um Gabel und Stock zu falzen, dass eine Bratfläche entsteht. Dabei wird die überschüssige Folie von unten fest an Gabel und Stock gedrückt. Die Zubereitung der Speisen funktioniert dann wie bei der Gitterpfanne. Allerdings müssen Sie hier beim Wenden der Speisen noch viel vorsichtiger sein, damit die Folie dabei nicht reißt.

Zum gebratenen Fischfilet gibt es Pilze, Tomaten und Kartoffeln aus der Folie.

Der Gockel soll rustikal und rösch über der Glut gebrutzelt werden.

Ungewöhnlich – aber das Ergebnis kann sich sehen lassen.

Klapphahn von der Feuergabel

Die Brust einschließlich des Brustbeins durchtrennt, aufgeklappt und gesäubert wird das Hähnchen auf die langen, entrindeten Zinken einer Astgabel gesteckt. Hierzu die angespitzten Zinken durch Oberkeulen und Brustfleisch führen und den Gockel so weit auf die Gabel schieben, dass die vorderen Zinkenenden so weit hervorschauen, dass sie auf dem Steinring oder auf in die Erde gesteckte Astgabeln aufgelegt werden können. Nun einen beidseitig eingekerbten Stock so zwischen die vorderen Gabelspitzen klemmen, dass der Hahn gut gespreizt ist. Die Flügel mit Hölzchen an der Brust feststecken.

    Das Fleisch erst leicht antrocknen lassen, dann wird wie folgt – oder nach eigenem Geschmack – gewürzt: 2 El Zitronensaft, 2 zerdrückte Knoblauchzehen, 1–2 zerkleinerte Lorbeerblätter, $1/4$ Tl Pfeffer, $1/2$ Tl Salz und 5 El Öl miteinander verrühren und den Gockel damit bepinseln. Sobald das Holzfeuer so weit heruntergebrannt ist, dass eine ausreichende Glutmenge vorhanden ist und die Flammen schon erloschen sind, wird nur in der Strahlungshitze unter mehrmaligem Wenden gebrutzelt. Zwischendurch mit der Marinade nachwürzen. Kurz vor Ende der Garzeit, wenn die Hitze schon geringer geworden ist, 1 Tl Paprikapulver (edelsüß) mit 2 El Öl verrühren und den Hahn damit einpinseln. Statt eines Holzfeuers lässt sich natürlich auch hier sehr gut durchgeglühte Holzkohle verwenden, die eine gleichmäßige Hitze abgibt.

Braten mit der Multigabel

Zum Braten falzt man einfach ein Stück Alufolie von oben so über das Gitter, dass eine Bratfläche mit umlaufendem Rand entsteht und drückt die Folie von unten fest an die Zinken.

Die „Räubradügriga" oder Multigabel

Bildet man zwischen der Astgabel aus geeignetem Bindedraht (ohne Farbe oder Plastik) ein Gitter und schützt die Zinken gut mit doppelter Alufolie gegen die Flammen, steht eine provisorische Gabel zum Räuchern, Braten, Dünsten und Grillen über dem Lagerfeuer zur Verfügung – eben eine „Räubradügriga". Anfangs haben wir die Zinken mit 1 cm Durchmesser zu dünn gewählt und diese auch nicht sorgfältig genug mit doppelter Folie umwickelt, sodass eine Zinke durchbrannte und mit Draht und einem passenden Stock geschient werden musste. Aber aus Erfahrung wird man klug: Wählen Sie die Zinken ausreichend dick!

Räuchern mit der Multigabel: Zuerst das Räuchermehl auf die Alufolie, dann den Fisch auf das Gitter geben.

Mit noch mehr Alufolie alles gut verschließen.

▶ **Räuchern**
Zum Räuchern falzt man zuerst Folie so unter die Zinken, dass eine kleine Ausbuchtung unter dem Gitter entsteht und drückt die Folienenden fest von oben auch durch die Drahtmaschen hindurch an die Zinken. Dann gibt man eine Hand voll Räucherspäne durch das Gitter auf die Folie, legt

Nach 20–25 Minuten: Zwei herrlich geräucherte „Goldstücke".

den vorbereiteten Fisch auf das Gitter und falzt ein weiteres Stück Folie so über den Fisch, dass über diesem ein Hohlraum entsteht. Dabei werden die Folienenden wieder fest an die Zinken gedrückt. Über dem Feuer beginnen die Späne rasch zu glimmen. Fische in Portionsgröße sind in ca. 20–25 Minuten gegart und geräuchert.

▸ **Dünsten**

Zum Dünsten wird die Gabel wie beim Räuchern mit einer untergefalzten ausgebuchteten Folie versehen. Dann legt man ein Stück Folie so auf das Gitter, dass sich ein Abstand von 1–2 cm zu den Zinken ergibt. Nun kann man den auf beiden Rückenseiten mehrmals eingeschnittenen und gewürzten Fisch auf Folie und Gitter ablegen. Bevor ein weiteres Stück Folie so über die Gabel gefalzt wird, dass über dem Gargut ein Hohlraum entsteht, gibt man noch ein paar Butterflocken auf den Fisch. Dann werden die Folienenden doppelt gelegt und von unten fest an die Zinken gedrückt. Die Gabel legt man auf dem Steinring über der kräftigen Glut ab, gießt eine Tasse Wasser auf die untere Folie und falzt die Gabel auch vorn fest zu. Die Hitze bringt das Wasser auf der unteren Folie zum Kochen. Der dabei entstehende Dampf gart von unten, zieht gleichzeitig seitlich am Fisch vorbei und wird von der „Deckelfolie" von oben auf den Fisch geleitet.

Der sich in der unteren Folie sammelnde Garsud kann mit Sahne verfeinert und abgeschmeckt zum Fisch gelöffelt werden. Nach dem Garen die obere Haut abheben, nach Belieben garnieren und die durch die Einschnitte entstandenen Stücke direkt von der Stockpfanne reichen.

Etwas einfacher funktioniert es, wenn man den gewürzten Fisch mit den Zutaten und dem Wasser nur in Folie einfalzt, das Päckchen dann auf dem Gitter der Multigabel ablegt und über der Glut gart.

Mit Gewürzen und einigen Butterflocken versehen ...

... gart der Fisch unter der Alufolie.

Mit Zitrone, Tomaten und etwas Salat eine echte Delikatesse.

Grillen

Zum Grillen einfach die Gabel mit den geschützten Zinken und dem auf dem Geflecht abgelegten Grillgut über die Strahlungshitze des Lagerfeuers halten oder, je nach Temperatur, auf dem Steinring ablegen.

Aufgeklappte Heringe über der Holzglut gegrillt – das wird schmecken...

▸ **Fernöstlich**

Wir haben so einmal eine 1,3 kg schwere Lachsforelle mit hauchdünnen Ingwer- und Knoblauchscheiben, Streifen von scharfen Peperoni, Salz und dem Saft einer Zitrone innen und außen gewürzt und den Fisch zusammen mit milden Peperoni und Scheiben von Tomaten und Frühlingszwiebeln über reichlich Glut lecker gegart.

Leckeres aus dem Knüppelbeutel

Durst, ein See mit recht sauberem Wasser vor Augen und die Getränke aufgebraucht. Da wir den Aufenthalt am Angelgewässer nicht abbrechen wollten und ein Glas Seewasser nicht unserem Geschmack entsprach, musste eine Notlösung her. Das Seewasser musste ohne Kochgeschirr irgendwie abgekocht werden. Da kam uns die zum Grillen vorgesehene Alufolie in den Sinn. Und siehe da, zu einem Beutel geformt, mit etwas Seewasser, Holunderbeeren und Zucker gefüllt, brachte uns der am Feuerstock über die Flammen gehaltene „Beuteltopf" einen schmackhaften Trunk. Da uns diese urige Methode auch noch Spaß machte, haben wir ein bisschen herumexperimentiert und es kamen bald weitere Zubereitungsideen hinzu.

Ob Fischfilet oder Pilze in Butter, ob gefüllter Bratapfel, Salzkartoffeln, gekochte Eier, Tomaten-Gurkengemüse, ob Kaffee, Brühe oder heißes Wasser für Grog und Tee, dies alles und noch viel mehr lässt sich im „Knüppelbeutel" als Beilage, Erfrischung oder zum Naschen am Lagerfeuer zubereiten. Auf dem Grill in Alufolie gegart, finden die verschiedensten Leckereien ja immer wieder Anklang. Und wenn eine Grillmöglichkeit fehlt, errichteten wir uns diese mit einfachen Mitteln.

▸ **So geht's**

Das provisorische Kochgerät ist rasch aus einem Stock und Alufolie gebastelt. Ein etwa ein Meter langer Stock wird im vorderen ca. 2–2,5 cm dicken Bereich auf einer Länge von ca. 10–12 cm mittig aufgespalten. Nun zwei übereinander gelegte ca. 44 x 50 cm große Stücke von hitze-

Selbst gesammelte Pilze...

...verwandeln sich im Knüppelbeutel...

und reißfester Alufolie mit der blanken Seite nach innen zu einer Art Schale formen. Mit dem Gargut füllen und oben so zu einem Beutel zufalzen, dass ein ca. 3–4 cm langer Zipfel entsteht. Nun den Zipfel flach drücken, zur Seite biegen, fest im Stockspalt einklemmen und den Beutel über das Feuer halten. Bei sehr guter Folie reicht auch eine Bahn, dann reduzieren sich die Garzeiten.

▶ **Beutel-Barsch**

Ca. 150 g enthäutetes Barschfilet von Restgräten befreien und in mundgerechte Stücke schneiden. Filetstücke nur schwach salzen, mittig auf die Doppelfolie legen und diese zu einer Schale formen. 1 Tl Butter, 1 Schuss Gewürzgurkensud und wenn vorhanden einen Spritzer Tabasco, sonst etwas Pfeffer zugeben. Nun den Beutel oben zufalzen, in den Feuerstock stecken und den Fisch 6–10 Minuten über dem Feuer garen. Den dabei entstehenden leckeren Garsud zum Fisch löffeln.

Statt Gewürzgurkensaft lässt sich auch mit Zitrone säuern, es kommt eben darauf an, was in der Biwak- oder Campingküche gerade greifbar ist. Ohne Gurkensud gehören 2–3 El Wasser in den „Topf". Auch etwas Weißwein oder Tomaten- und Gurkenwürfel können recht lecker sein. Frische Kräuter wie Dill, Schnittlauch oder Petersilie, vor oder nach dem Garen zugegeben, runden den Geschmack ab. Natürlich lassen sich so auch andere möglichst grätenarme Fischarten zubereiten.

▶ **Salzkartoffeln**

200 g geschälte Kartoffeln in walnussgroße Stücke schneiden und mittig auf die doppelte Folie legen. Folie beutelförmig auffalzen, 1½ Tassen Wasser und eine Prise Salz zugeben, Beutel oben verschließen und am Stock über dem Feuer 17–20 Minuten garen. Sind die Kartoffeln gar, den geöffneten Beutel noch kurz über das Feuer halten, um restliches Wasser verdampfen zu lassen.

...in ein herrliches Pilzragout.

▸ **Gefüllter Bratapfel**

Ein großer Apfel wird gewaschen, vom Kerngehäuse befreit und mit Brombeeren, Himbeeren, Blaubeeren oder Rosinen gefüllt. Falls man Nüsse oder Bucheckern findet, kann man diese noch gehackt auf den Apfel geben. Den Apfel auf die Folie stellen und die Folie rundherum aufformen. Wer mag und hat, gibt einen kleinen Schuss Rum oder Zimt und etwas Butter auf die Apfelmitte. Außerdem gehören 2 El Wasser in die Folie. Beutel zufalzen und am Stock je nach Apfelgröße 15–18 Minuten über dem Feuer garen. Den sehr schmackhaften Garsaft zum Apfel löffeln. Sie sehen, der Knüppelbeutel lebt zwar stark von Improvisation, doch mit ein bisschen Kreativität und Fantasie entstehen ganze Menus mit Vorspeise, Hauptgericht und Nachtisch. Sie meinen es fehlen nun nur noch die passenden Getränke? Auch das ist mit dem Knüppelbeutel überhaupt kein Problem...

Rezeptvorschläge für den Knüppelbeutel

Gekochte Eier
4 Eier
1 1/2 Tassen Wasser
Wenn man es im Beutel simmern hört, beginnt die Kochphase. Je nach Geschmack kann man dann die Eier weich oder hart kochen – wie man es vom heimischen Herd kennt.

Pilze mit Speck
150–200 g klein geschnittene Pilze
einige Würfel durchwachsener Speck
1 Tl Butter
1 Tl Zwiebelwürfel
Salz und Pfeffer
1/4 Tasse Wasser in den Beutel geben und diesen zufalzen.
Ca. 15–18 Minuten am Stock über dem Feuer garen.

Tomaten
250 g halbierte Tomaten
1 El Butter
Salz und Pfeffer
2–3 El Wasser
Garzeit 15–18 Minuten
Kann sehr lecker durch Gurkenscheiben oder -würfel ergänzt werden.

Brennnesselspinat
zwei Hände junge Blätter von Brennnesselspitzen, gründlich gespült und grob gehackt
einige Speckwürfel
1 Tl Butter
Salz und Pfeffer
1/2 Tasse Wasser
Garzeit 13–15 Minuten
Den Spinat kann man mit Streifen von Hagebutten hervorragend aufpeppen.

▶ **Bärenstarke Beerensäfte**

Je nachdem, was die Natur gerade bietet, haben wir bisher aus Brombeeren, Himbeeren, Heidelbeeren, Holunderbeeren und Sanddorn leckeren Saft im Beuteltopf am Stock gekocht.

Hierzu die Doppelfolie auf die linke Hand legen und eine Hand voll Beeren darauf geben. Nun die Folie zum Beutel formen und eine Tasse Trinkwasser und Zucker oder Süßstoff nach Geschmack zugeben. Den Beutel oben zufalzen und die Beeren am Stock 10 Minuten über dem Feuer kochen. Dann den Beutel über eine abgestellte Tasse halten und mit einem spitzen Messer ein kleines Loch so in den Beutel stechen, dass der Saft in die Tasse läuft. Ist der Beutel abgekühlt, lässt sich noch vorsichtig ein wenig mehr Saft aus den Beeren drücken. Als einmal keine Tassen zur Hand waren, haben wir uns einfach aus Plastik-Sprudelflaschen Becher geschnitten.

▶ **Biwak-Kaffee**

Auch duftender Kaffee ist recht einfach im Knüppelbeutel zubereitet. Hierzu die Doppelfolie zur Schale formen, 1½ Tassen Wasser und 1 gehäuften Teelöffel gemahlenen Kaffee hineingeben und den Beutel oben zugefalzt am Stock über das Feuer halten. Den Kaffee im Wasser kurz aufkochen lassen und danach den Beutel so ruhig halten, dass sich der Kaffeesatz am Boden sammeln kann. Mit einem spitzen Messer knapp (1–2 cm) über dem Beutelboden einstechen und den Kaffee in eine Tasse laufen lassen. Der besonders rustikale Genießer kann den Beutel

Im Knüppelbeutel kann man sich leckere Beerensäfte oder auch einen Kaffee brauen.

auch am Boden einstechen, der Kaffeesatz fließt dann mit in die Tasse und setzt sich erst dort ab.

▶ **Andere heiße Drinks**

Für löslichen Kaffee, Tee, Brühe, oder Grog lässt man das Wasser im Beutel aufkochen und brüht das Getränk im Trinkgefäß auf. Sehr würzige und aromatische Sudgetränke aus Brennnesselblättern, Kamillenblüten, Hagebutten, Zitronenmelisse oder Minze – je für sich allein oder zusammen mit Beeren – mit 1 1/2 Tassen Wasser aufgekocht, sind ebenfalls rasch im Stockbeutel bereitet.

Brutzeln mit dem Feuerstock

Der Feuerstock hält Würstchen und vieles andere recht sicher über dem Feuer.

Ebenso gern wie die Kinder, nutzen wir den gespaltenen Feuerstock auch zum Brutzeln und Aufbacken von einfachen Happen. Dabei sollte besonders Brot aus gesundheitlichen Gründen nur goldgelb aus- bzw. aufgebacken werden. Ein üblicher Spießstock einfach in eine Bratwurst oder einen Brotkanten eingestochen wird und es passiert dadurch oft, dass das Grillgut aufplatzt oder sogar abfällt und in der Glut landet. Wird das „Leckerli" aber in den Stockspalt fest eingeklemmt, kann man es recht sicher über der Glut führen. Allerdings gilt das nicht bei „Wabbelwürsten", die ja schon fast beim Anfassen auseinanderfallen oder bei besonders langen Würsten. Die kann man aber einfach einmal in der Mitte durchbrechen, dann einklemmen und schon lassen auch diese sich im Spalt des Feuerstockes recht gut halten. Kleinere feste Fleischstücke stecken wir allerdings auch lieber auf einen üblichen zugespitzten Spießstock.

„O'zapft is'!" – doch Vorsicht: heiß!

Aus heißer Asche

Wir hätten nie gedacht, wie lecker Fisch direkt aus der Glut schmeckt!

Sicher, diese Art der Zubereitung ist nicht jedermanns Sache. Es kann jedoch vorkommen, dass ein Angler seinen geplanten Trip ganz spontan verlängert und dann die selbst gefangenen Fische auch ohne jegliche Gerätschaften zubereiten will. Steht weder Alufolie noch ein geeigneter Zweig für einen Feuerstock zur Verfügung, kann diese uralte Methode den Hunger stillen. Wir haben diese „Steinzeitmethode" im Küstenbereich der afrikanischen Wüste bei einem Mahl mit einer Berberfamilie kennen gelernt. Nachdem bereits rohe ungeschälte Kartoffeln im Glutrand ihren Platz fanden und das eigentliche Lagerfeuer eben niedergebrannt war, wurden die völlig unbehandelten Fische – mit Schuppen, Schleim und Eingeweiden – so in den aufgeheizten Sand und die heiße Asche eingebettet, dass die Garwärme von allen Seiten ziemlich gleichmäßig auf die Fische wirkte.

▶ Ein erstaunliches Ergebnis

Nach ca. 25 Minuten kam mit der Garprobe der spannende Moment. Die der Asche entnommene Meeräsche hatte dabei auffallende Ähnlichkeit mit einem deformierten Brikett – man konnte besonders auf den Gesichtern unserer Töchter den Zwiespalt zwischen Skepsis über ein solches Mahl und Dankbarkeit für die Gastfreundschaft lesen.

Als dann die zur schwarzen Kruste gebackene Haut abgehoben war, kam aber sauberes weißes und gegartes Fischfleisch zum Vorschein. Nun wurde uns auch klar, dass Schleim, Haut und Schuppen quasi das Gargefäß bildeten. Die Eingeweide hatten sich zum großen Teil gefestigt, gaben aber dennoch Säfte ab. Das war für uns anfangs doch sehr gewöhnungsbedürftig. Denkt man aber an ebenfalls unausgenommen geräucherte Bücklinge, Maränen oder Sprotten, vergeht auch hier die Scheu vor dem ersten Geschmackstest. Das im eigenen Saft gegarte, von nur leichtem Raucharoma „gekitzelte" Fischfleisch ließ sich in festen Stücken gut von Haupt- und Bauchgräten lösen und mundete, nur mit Salz und etwas Butter zu aufgebackenem Brot, Salat und Obst, überraschend lecker. Wer Mut hat, probiert es aus.

▸ **Die entschärfte Variante**

Kann man sich überhaupt nicht vorstellen, die Eingeweide mitzugaren, lässt sich diese doch sehr rustikale Methode auch etwas „entschärfen". Das Schuppenkleid wird zwar an den Fischen belassen, sie werden aber ausgenommen und mit gesäuberten Bauchhöhlen in der heißen Asche gegart. Findet man noch Bärlauch, Sauerampfer oder wilden Meerrettich, kann man diese Kräuter noch zusätzlich fest in die Bauchhöhlen stopfen. So gibt es ein interessantes Aroma und die Asche wird weitgehend aus dem Fischinneren ferngehalten. Auch wenn man auf diese Füllung verzichtet, lässt sich besonders das Rücken- und Schwanzfleisch nach Entfernung der ungenießbaren Hautkruste ohne Aschepartikel verspeisen. Beim Bauchfleisch wird sich aber, abhängig vom Geschick des Essers, ein wenig „Aschewürze" kaum vermeiden lassen.

▸ **In Folie und Glut**

Steht feuerfeste Alufolie zur Verfügung, lassen sich Fisch und Gemüse natürlich wesentlich vielfältiger und weniger gewöhnungsbedürftig in Glut und heißer Asche garen. Hierzu können die bereits beim Thema "Knüppelbeutel" genannten Rezeptvorschläge als Beispiele dafür dienen, wie die unterschiedlichsten Zutaten kombiniert und verpackt werden können. Ohne den dort verwendeten Feuerstock ist es allerdings mitunter etwas „kitzlig", die Packungen unbeschädigt – fast wie die bekannten heißen Kastanien – wieder aus der Glut oder Asche zu holen.

Die Biwak-Küche ist mit wenig Zubehör schnell aufgebaut.

Die Biwak-Küche

Ist ein geeignetes Grundstück vorhanden, ermöglicht eine große Biwak-Küche vielfältige Zubereitungsarten mit Brennholz oder Holzkohle. Dabei kann das Grillgitter je nach Wunsch sowohl übliches Grillgut als auch einen Topf oder eine Bratpfanne aufnehmen. Auch das gleichzeitige Kochen und Grillen ist gut möglich. Das Grillgitter ist schwenkbar und lässt sich stufenlos in der Höhe verstellen, sodass man ganz einfach grillen kann, ohne dass etwas anbrennt.

▸ **Der Aufbau**

Ein Steinring mit 50 cm Innendurchmesser und 30 cm Höhe bildet das Zentrum unserer Biwak-

Eine deftige Suppe brodelt schon im Feuerkessel.

Auf dem Gitter kann man nicht nur Grillen, sondern auch alles mögliche in der Pfanne braten.

küche. Darüber ist ein aus 2,8 m langen Holzstangen bestehendes Dreibein so aufgestellt, dass sich das mit Draht verbundene Stangenkreuz in etwa zwei Metern Höhe mittig über dem Steinring befindet. Eine etwa 50 cm unter dem Stangenkreuz umlaufend verknotete Schnur nimmt Grill- und Kochutensilien auf.

Das von vier Ketten gehaltene Grillrost (40 x 55 cm) lässt sich über eine im Stangenkreuz eingehängte Umlaufrolle mit einer einfachen Zugvorrichtung in unterschiedlicher Höhe über dem Feuer fixieren. Die Ketten sind mittels Karabinerhaken so an den vier Gitterecken befestigt, dass ein Verrutschen nicht möglich ist. Mittig über dem Gitter werden die vier je 70 cm langen Ketten von einem Karabinerhaken gehalten. Ist das Gitter größer als zuvor angegeben, sind längere Ketten günstiger. Ein starker S-Haken verbindet den Karabinerhaken mit einer darüber befestigten, etwa 40 cm langen Kette. Sie ist mit einem 1,5 m langen kräftigen Seil, das über eine Rolle läuft, verbunden. Durch eine am anderen Seilende befestigte ca. 50 cm lange Kette kann das Gitterrost in der gewünschten Höhe gehalten werden. Hierzu wird die Kette einfach am entsprechenden Kettenglied an einem Haltedorn (z. B. Nagel oder Schraube) eingehängt, der zuvor an einer der Aufstellstangen befestigt wurde. Will man mit dieser Konstruktion auch kalträuchern, muss man die Haltedorne, um später die Räucherplane nicht zu beschädigen, nach innen weisend anbringen.

Dank des S-Hakens kann man das Gitter rasch ein-, aus- und in der Höhe zusätzlich umhängen. Er muss so kräftig sein, dass auch das recht hohe Gewicht eines schweren Suppentopfes getragen wird. Stehen keine Ketten, Karabiner- und S-Haken zur Verfügung, kann eine provisorische Einrichtung auch mit geeignetem Draht erfolgen.

▶ **Aus dem Feuerkessel**

Gute und zünftige Feuerkessel sind im Fachhandel erhältlich und einfach einsetzbar.

Wollen Sie aber eine leckere Suppe oder ein feuriges Kesselgulasch zubereiten, ohne dass Ihnen so ein Kessel zur Verfügung steht, können Sie durchaus auch geeignete ausgemusterte Kochtöpfe, mit einfachen Mitteln für den Einsatz in der Biwak-Küche ausgestattet, einsetzen.

Wir haben das System unserer Biwak-Küche so ausgelegt, dass sowohl ein großer Feuerkessel als auch ein Topf direkt an die Ketten gehängt werden kann. Hierzu werden die vier Karabinerhaken am Grillgitter einfach ausgeklinkt und an der entsprechenden Haltevorrichtung am Kessel oder Topf eingeklinkt. Da wir einen alten handelsüblichen Topf mit Seitengriffen verwenden, haben wir an den Griffen je zwei Halteösen befestigt und hängen daran alle vier Ketten ein, um einen sicheren Halt zu gewähren.

Wer keinen speziellen Feuerkessel besitzt, aber einen ausrangierten emaillierten Eisentopf oder einen aus Edelstahl ohne Plastikteile findet, kann diesen als Provisorium nutzen. Wir bevorzugen einen Topf, der im

Verhältnis zur Höhe einen großen Durchmesser aufweist, da sich hier der Topfinhalt durch die große Bodenfläche schneller erwärmt als bei einem Topf mit geringerem Durchmesser. Allerdings kann ein verhältnismäßig hoher Topf mit den üblichen zwei Griffen bei geringerem Durchmesser relativ kippsicher an zwei seitlichen Einhängepunkten aufgehängt werden, wohingegen ein Topf mit verhältnismäßig großem Durchmesser und geringerer Höhe viel leichter zum Abkippen neigt. Bei unserer Aufhängevorrichtung haben wir das aber berücksichtigt.

Unser Topf wird, wie schon beschrieben, von vier Drahtösen gehalten. Diese sind so aus kräftigem verzinktem Draht gefertigt, dass sie gleich lang ca. 3 cm über den Topfrand hinausragen. Zudem sind diese Ösen so an den Griffstegen befestigt, dass sie nah am Topfrand bleiben und keinesfalls zusammenrutschen können. Denn geschieht das, kippt der Topf, der Topfinhalt landet im Feuer und es kann evtl. sogar zu Verbrennungen führen.

Bevor wir auf die Kettenmethode kamen, haben wir den Topf an vier Drähten aufgehängt. Hierzu wurden die gleich langen Drähte unmittelbar an der Topfwand durch mehrmaliges Umwickeln und Verdrehen so an den Griffstegen fixiert, dass sie nicht verrutschen konnten.

Nach oben wurden die Drähte ca. 60–70 cm über dem Mittelpunkt des Topfes so miteinander verwunden, dass eine wirklich feste Einhängeöse entstand. Da ein gefüllter Suppentopf recht schwer sein kann, haben wir vor dem Einsatz stets einen Belastungstest mit ausreichenden „Sicherheitsreserven" durchgeführt.

▶ **Auf dem Grill**

Sowohl auf dem Gitter der Biwak-Küche als auch auf einem üblichen Grill lässt sich mit einer geeigneten Pfanne so manches Pfannengericht unter freiem Himmel bereiten. Grilltypen, die das Nachgeben von Brennmaterial gestatten, ohne dass man das Gitter abnehmen muss, sind auch besonders gut beim längeren

Hier kommt die Biwak-Küche beim Kalträuchern zu ihrem Einsatz.

Die „Lütten" beim Vorbereiten einer Kesselsuppe im Garten.

Kochvergnügen ohne Kleckerscheu

Uns macht es besonders Spaß, gemeinsam mit den „Lütten" die Zutaten unter freiem Himmel vorzubereiten. Hier lassen sich die Kleinen ganz anders als in der meist eher nüchternen Hausküche durch das rustikale, noch mit richtigem Feuer verbundene Ambiente an das Kochen heranführen. Dabei tritt auch die „Kleckerscheu" ein wenig zurück, da es dem Rasen kaum schadet, wenn der Nachwuchs mal etwas vorbeikippt. Wenn das Kochen von Fisch- oder Kohlsuppe oder das Auskochen von Holundersaft in der Hausküche nicht immer gut ankommt, im Garten verlieren die sonst meist wenig geschätzten Gerüche völlig an Bedeutung. Und wer das Kochen von Fruchtsäften wegen der Kleckerei in der Küche aufgegeben hat, kann die Freude daran im Garten wiederfinden.

So hat uns z. B. das Pflücken von Beeren gemeinsam mit den Enkelkindern und das anschließende Auskochen und Probieren des Saftes viel Freude gemacht. Besonders die Verwendung eines richtigen Saftsackes erinnerte uns an die eigenen Kindertage. In richtiger Höhe an einen Hauklotz über einen Auffangbehälter gehängt, nahm ein Kissenbezug die ausgekochten Früchte auf und gab den Saft nach unten ab. Dabei konnte man nach dem ausreichenden Abkühlen den restlichen Saft noch mit den Händen ausdrücken.

Kochen verwendbar, da hier Holzstücke nach Bedarf einfach nachgelegt werden können.

▸ **Zum Kalträuchern**

Um die Biwak-Küche auch zum Kalträuchern nutzen zu können, ist das wenige zusätzliche Material rasch in Stellung gebracht. Das Prinzip entspricht weitgehend der bereits vorgestellten Methode „Räuchern mit Bohnenstangen" (siehe S. 66). Hierzu werden die drei Holzstangen unten so um den Steinring verstellt, dass ein gedachter Kreis von ca. 1,6–1,7 m entsteht. Nun zwei weitere gleich lange Stangen einfach oben in das Stangenkreuz einlegen und unten im gleichen Abstand so zu den anderen Stangen ausrichten, dass sich der Steinring mittig unter dem Stangenkreuz befindet. Ist dann das Räucherzelt mit der Plane wie beschrieben fertiggestellt, wird das Räuchergut eingebracht, der Behälter mit den glimmenden Spänen im Steinring abgestellt und der Zugang verschlossen.

Kleine Brutzelküche

Das bereits beim Räuchern in Verbindung mit dem Teleskopofen genannte Unterteil eines ausrangierten Badeofens lässt sich auch sehr gut zum Grillen, Braten und Kochen einsetzen. Da diese Geräteteile mit Feuerkammer, Aschelade und verstellbarer Zugregelung in der Tür ausgestattet sind, ist das einfache Nachlegen von Brennmaterial sowie eine gute Zugwirkung gewährleistet. Ein Grillgitter auf die obere Öffnung gelegt, nimmt

Alles ist vorbereitet für ein Probekochen im Dutch-Oven.

Das massive Gusseisen gibt die gespeicherte Hitze gleichmäßig an das Gargut ab.

Hähnchen mit Gemüse und Reis aus dem Dutch-Oven.

„Pütt und Pann" oder das Grillgut auf. Wir haben dieses Gerät gern zum Kochen von Fischsuppe, Eintopf, Fruchtsaft und Angelmais sowie zum Braten mit der urigen Eisenpfanne und zum Grillen genutzt.

Der Dutch-Oven

Dieses aus Amerika importierte Gargerät (von Lodge) ist aus massivem Gusseisen gefertigt und in verschiedenen Größen erhältlich. Es eignet sich vorzüglich für das Kochen, Braten, Schmoren und Backen am Lagerfeuer. Als Kombination aus Topf und Bräter mit drei Standbeinen, einem Bügelgriff und einem ebenfalls aus Gusseisen gefertigten Deckel, ist der Dutch-Oven vielfältig einsetzbar. Der etwas nach innen gewölbte Deckel ist als Bratpfanne geeignet oder sorgt auf dem Topf, mit Glut belegt, für Oberhitze, während die unter dem Gerät befindliche Glut aus Holzkohle oder Holz dem Gargut ebenfalls einheizt. Dabei gleicht das schwere Gussmaterial Temperaturschwankungen aus, speichert zu hohe Temperaturen und gibt die „gezähmte" Hitze der Glut relativ gleichmäßig an das Gargut ab.

Venatus (siehe Adressteil) bietet als Exklusiv-Importeur neben praktischem Zubehör zum Dutch-Oven auch ein Kochbuch für dieses Gerät sowie weitere Pfannen und Bräter aus Gusseisen an.

Der Kleinkocher, ein praktischer Begleiter auf Reisen.

Der Kleinkocher

Je nach Modell mit unterschiedlichem Brennstoff wie Spiritus, Benzin, Petroleum oder Gas betrieben, sind diese Geräte unterwegs nützliche Helfer für die Zubereitung von kleineren Mahlzeiten. Beim Aufstellen ist auf eine kippsichere, feuerfeste Unterlage sowie auf seitlichen Brand- und Windschutz zu achten.

Nachdem wir im Laufe vieler Jahre zahlreiche Gerätetypen verwendet haben, wird zur Zeit ein Kompaktkocher mit Gas-Kartusche genutzt. Diese Kartuschen sind sauber, rasch eingesetzt, bringen erstaunlich lange Hitze und sind fast überall auf Campingplätzen, an Tankstellen und in Baumärkten recht preiswert erhältlich.

Es ist serviert – unsere liebsten Rezepte

▸ Leckeres aus Räucherfisch 147
▸ Bunte Fischpfanne vom Grill 150
▸ Fischfrikadellen 151
▸ Fischsuppe Piroschka 152
▸ Aus der kalten Küche 152

Leckeres aus Räucherfisch

Viele Feinschmecker sehen es ja anders, aber wir bevorzugen heiß geräucherten Fisch bis auf wenige Ausnahmen erst nach dem Abkühlen. Bei besonderem Heißhunger kommt es allerdings ab und an zum Bruch dieser Einstellung. Auch die eher fettarmen Hornhechte bieten uns noch warm aus dem Rauch besondere Gaumenfreuden.

Fettreiche Arten wie Aale, Heringe oder Makrelen munden uns dagegen erst nach dem Abkühlen im Ofen und der damit verbundenen Aromareifung und Fleischfestigung besonders gut. Haben die „Goldstücke" eine Temperatur von 18–20 °C, ist eine aromafreundliche Genuss-Temperatur erreicht.

Guten Appetit!

▸ **Ein vielfältiger Genuss**

Deftiger Aal und herzhaftes Brot harmonieren ebenso gut zusammen wie gebuttertes Weißbrot und zartes Forellenfilet. Auch in einigen Suppen bringen Stücke vom Räucherfisch eine leckere Bereicherung. So haben wir die kürzlich an einem herrlichen Wintertag nach dem Schlittenfahren im Feuerkessel gegarte Gemüse-Kohl-Suppe mit einigen Stücken kalt geräuchertem Lachs und heißgeräucherten Aal veredelt. Während Speck, Mett- und Blutwurst bereits im Kessel die richtige Verzehrtemperatur bekamen, machten die Fischstücke erst auf dem Teller

Räucherfisch-Pizza
Fertigmischung Pizza-Teig für ein Backblech oder 500 g Hefeteig
500 g von Haut und Gräten befreiter Räucherfisch
600 g Champignons
700 g Tomaten
350 g gewürfelte Tomaten oder gewürfelte Pizzatomaten aus der Dose
½ Bund glatte Petersilie
2 Schoten Peperoni
5 Eier
50 g geriebener Emmentaler
2 El Öl
50 g Butter
Salz und Pfeffer

„Bekanntschaft" mit der Suppe. Obwohl wir zeitweilig den Eindruck hatten, dass der Schneemann nebenan ungläubig die Stirn runzelte, mundete uns die deftige Suppe nicht nur frisch gekocht, sondern auch noch aufgewärmt am Folgetag großartig.

Außerdem schätzen wir Stückchen von Räucherfisch in Pilz-, Spargel- und Kartoffelsuppe genauso wie zu Rührei und Omelette. Um das meist zarte Fischfleisch in Form zu halten, wird es, abhängig von der Festigkeit, ganz kurz vor Ende der Garzeit zum Anwärmen beigegeben oder erst auf dem Teller in die Suppe gelegt. Auch Röstis erhalten, mit Tatar von kalt geräuchertem Lachs-, Makrelen- oder Heringsfilets belegt, in Verbindung mit einem Klacks Dip und etwas Dill eine besondere Geschmacksnote.

▶ **Pizza mit Räucherfisch**
Pizza-Teig nach Packungsanleitung zubereiten – oder selbst einen Hefeteig herstellen –, ausrollen und auf dem Backblech mit 2 El Öl bestreichen. Gemüse kalt spülen, putzen und trocken tupfen. Tomaten in dünne, Pilze in ca. 8 mm dicke Scheiben schneiden. Peperonischoten längs halbieren, entkernen, kalt spülen und in feine Querstreifen schneiden. Petersilie kalt spülen, trocken tupfen und ohne Stängel grob hacken. Räucherfisch in mundgerechte Stücke teilen. Pilzscheiben salzen, pfeffern und mit der Petersilie kurz in der Butter andünsten. Tomatenwürfel auf dem Pizzaboden verteilen, schwach salzen und pfeffern. Nun die Pilzscheiben und darauf die Fischstücke verteilen. Tomatenscheiben am Rand der Pizza und als Rechteck um den Mittelbereich herum dekorieren, salzen und pfeffern.

Nicht nur ein Gaumenkitzel, sondern auch eine Augenweide: Die Pizza mit Räucherfisch ist fertig.

Die Pizza auf mittlerer Schiene im Backofen bei 175 °C 15 Minuten vorbacken. Dann die Eier mit dem Käse, den Peperonistreifen und 1/2 Tl Salz verrührt, zwischen die Tomatenscheiben auf die Fischstücke geben und die Pizza 15 Minuten bei 175 °C fertig backen bis der Rand leicht gebräunt ist. Temperatur und Zeit können je nach verwendeter Teigmischung etwas abweichen.

Die fertige Pizza dem Ofen entnehmen, evtl. noch mit kalt geräuchertem Lachs garnieren und heiß auf dem Blech servieren. Hierzu passt ein Salat nach Art des Hauses.

Gefüllte Zanderfilets
2 enthäutete Zanderfilets
je ca. 250 g
100 g grätenfreies Fleisch ohne Haut von Lachs oder Forelle, heiß oder kalt geräuchert
Saft einer Zitrone
3 Eigelb
2 Eiweiß
1 gehäufter El Schmant
300 g Prinzessbohnen
1 gehäufter El von entrindetem Brötchen oder Weißbrot
1 El Mehl
3 El Sonnenblumenöl
120 g Butter
1 gestr. Tl gekörnte Gemüsebrühe
400 g Salzkartoffeln
6 El Milch
Salz, weißer Pfeffer und Zucker

▸ **Gefüllte Zanderfilets**

Aus Salzkartoffeln, Milch, gekörnter Brühe, 20 g Butter und einem Eigelb Kartoffelmus zubereiten und dieses warm stellen. Für die Füllcreme den Räucherfisch, Brotwürfel, Schmant und ein Eigelb mit dem Pürierstab pürieren. 2 Eiweiß steif schlagen und unterheben. Die Farce kühl stellen.

Zanderfilets mit Zitronensaft beträufeln. Nach 10 Minuten trocken tupfen, salzen, pfeffern und die Farce auf einem Filet verteilen. Das zweite Filet auf die Farce legen und mit Mehl bestäuben. Ein Bratblech mit Öl ausreiben und im Backofen vorheizen. Dann das Doppelfilet auf das Blech geben und mit Butterflocken belegen. Bei 180 °C auf mittlerer Schiene ca. 20 Minuten backen. Dann das Filet mit Eigelb bepinseln, mit Butterflocken belegen und weitere 6 Minuten goldbraun gar backen. Inzwischen die Bohnen in kochendes Wasser mit 1 Tl Zucker und 1 Prise Salz eben gar kochen. Die Bohnen in der restlichen Butter schwenken. Dazu mundet ein süß-sauer angemachter Salat, und wenn gewünscht, auch noch etwas zerlassene Butter.

Fischpfanne

Zum Braten geeignete Fischsorten, z. B. Heringe, Makrelen, Plattfische ganz oder filetiert sowie Garnelen
Scheiben von geschälten rohen Kartoffeln
Ringe von Gemüsepaprika
Pilzscheiben
Maiskolben
Speckwürfel
Butterschmalz oder Öl zum Braten
Butter zur Geschmacksverfeinerung
Gewürze wie Senf, Salz, Pfeffer, Thymian, Paprika (edelsüß)
Zitronensaft
etwas Mehl

Bunte Fischpfanne vom Grill

Unter freiem Himmel, frisch auf dem Grill gebraten, lockt eine gemischte Fischpfanne so manche „Schnuppernase" an. Eine große Eisenpfanne oder eine aus Edelstahl ohne Plastikteile mit möglichst langem Griff ist dabei für kleinere Mahlzeiten geeignet. Ein Bratblech aus dem Küchenherd lässt sich besonders gut für größere Mengen nutzen. Für die große Runde haben wir uns ein ausrangiertes großes Bratblech günstig aus einer Kantine beschafft. Da dieses Großblech seitlich über den Grill hinausragt, kann so durch die unterschiedlichen Hitzezonen scharf oder sanft gebraten oder warm gehalten werden.

Hat man keine Holzkohle, kann auch über der Glut eines Holzfeuers gebrutzelt werden. Neben den üblichen Grillhandschuhen leisten Pfannenwender mit möglichst dünner Stahlfläche wertvolle Dienste beim Wenden und Rühren.

Gemüse putzen, Paprika entkernen und in Ringe schneiden. Geschälte Kartoffeln und Pilze in ca. 6 mm dicke Scheiben schneiden. Gemüse salzen und pfeffern. Ganze Fische säubern, kalt spülen, mit Zitronensaft säuern, salzen, pfeffern, mit Thymian würzen und mit Paprikapulver bestäuben. Filets salzen, mit Zitronensaft säuern und die Schnittflächen mit Senf bestreichen, dann leicht mehlen. Das Blech gründlich ausfetten, Speckwürfel nur leicht anbraten, dann zur Seite schieben. Gemüse auf das Blech geben, ca. 6–8 Minuten vorgaren und zur Seite schieben. Fische und Filets nachgeben und nach dem Anbraten wenden. Noch einmal großzügig mit Zitronensaft benetzen und wieder wenden. Da die Glut eine recht große Hitze bringt, beträgt die Garzeit nur wenige Minuten. Um ein Anbrennen zu vermeiden, sollte man warten, bis die Glut nur noch mäßige Hitze bringt, größere Aufflammungen sind zu vermeiden. Zu dieser Fischpfanne passt vorzüglich ein gemischter Salat oder Kartoffelsalat. Sie können aber auch einfach etwas Brot über der Glut knusprig und goldgelb aufbacken – ein Klecks Butter dazu und fertig.

Fischfrikadellen

Auch grätenreiche Arten wie Brassen, Plötze, Döbel, Aland und Rapfen, die sonst oft bei Anglern in der Küche weniger hoch im Kurs stehen, lassen sich, auch gemischt, in leckere Frikadellen verwandelt sinnvoll verwerten. Außerdem eignen sich Hecht, Dorsch und andere Flossenträger aus Süß- und Salzwasser. Hering und Makrele bringen wir, wenn überhaupt, nur als „Beifisch" in die Buletten.

Enthäutete, gespülte Filets trocken tupfen. Größere erkennbare Gräten entfernen. Filets in 3 x 3 cm große Stücke schneiden. Speck grob würfeln. Petersilie spülen, trocken schwenken und Stängel entfernen. Apfel schälen, vom Kerngehäuse befreien und grob zerteilen. Gepellte Zwiebeln vierteln, Toast grob zerteilen.

Die Fischstücke zusammen mit den Zwiebeln, den Apfel- und Brotstücken, Speckwürfeln und Petersilie zweimal durch die feine Scheibe des Fleischwolfes drehen. Die Gräten bleiben vor der Scheibe hängen oder werden fein zermahlen. Dann Zitronensaft, Senf, Eier, gekörnte Brühe, Salz und Pfeffer untermischen, zuletzt das Paniermehl einkneten. Diese Farce ca. 20 Minuten kühl stellen.

Wenn Sie eine Küchenmaschine verwenden, alle Zutaten außer Paniermehl, Mehl und Öl nach und nach in das Gerät geben und sehr fein pürieren. Wegen der Gräten müssen Sie darauf achten, dass wirklich alles ausreichend zerkleinert ist. Dann das Paniermehl einkneten.

Die Hände mit kaltem Wasser benetzen, Frikadellen ausformen – die angegebene Menge ergibt 14 Frikadellen à 125 g, in Mehl wenden und in einer großen Pfanne oder auf dem Bratblech im heißen Öl zunächst von beiden Seiten anbraten. Dann bei geringerer Hitze je Seite ca. 6–7 Minuten goldbraun gar braten. Beim Verzehr grundsätzlich auf evtl. noch verbliebene Grätenteile achten. Kartoffelsalat ist eine passende Beilage.

Fischfrikadellen
1 kg Fischfilet
100 g durchwachsener Speck
2 Scheiben Mehrkorntoast
3 Eier
150 g Zwiebeln
1 El Senf (mittelscharf)
1 Bund Petersilie
2 Tl gekörnte Gemüsebrühe
1 Apfel
6–7 El Paniermehl
3 El Öl
5 El Zitronensaft
½ Tl Salz
1 Tl weißer Pfeffer
etwas Mehl

Auch grätenreiche Fische lassen sich in Frikadellen lecker verwerten.

Fischsuppe Piroschka

Für die Zubereitung des Fisch-Fonds lassen sich frische Köpfe, Hauptgräten oder Filetierreste sowie auch grätenreiche Fischarten verwenden. Für die Fischhappen in der Suppe sind grätenfreie Filetstücke ohne Haut von Arten mit möglichst festem Fleisch gut geeignet. Wer es bequem mag, kann den Fischfond und auch den Reis für die Suppeneinlage bereits zu Hause vorkochen und dann mitnehmen. Die Zutatenliste für unsere „Piroschka" ist natürlich nur ein Vorschlag, jeder kann die Zutaten nach Bedarf und Geschmack variieren.

Die ausgenommenen, entschuppten Fische für den Fond von den Kiemen befreien, kalt spülen und grob zerteilen. Das Gemüse putzen und spülen. Suppengemüse klein schneiden. Zwiebeln und Tomaten vierteln, Paprikaschoten und Apfel entkernen, dann, wie auch die Gurke, würfeln. 2 Knoblauchzehen klein schneiden. Filets in mundgerechte Stücke teilen und mit 4 El Zitronensaft säuern.

2 Liter Wasser mit den Fond-Fischen, Gemüsebrühe, Zwiebeln, Tomaten, der Hälfte des Suppengemüses, Apfelwürfeln, 2 El Zitronensaft, 4 El Essig, Fischgewürz, 2 Knoblauchzehen und 1 Tl Salz aufkochen und ca. 20 Minuten sachte köcheln lassen. Den Reis während dessen in einem zweiten Topf garen.

Den Fischfond dann durchsieben und wieder aufkochen. Das restliche klein geschnittene Gemüse zugeben und eben gar kochen. Tomatenmark einrühren. Mais, Gurkenwürfel und Kapern zugeben. Mit ca. je 1 Tl Salz und Tabasco abschmecken. 2 Knoblauchzehen durchpressen und einrühren. Das Grün der Frühlingszwiebeln in Röllchen, die weißen Teile in Scheiben schneiden und die Hälfte davon in die Suppe rühren. Filetstücke zugeben und ca. 5 Minuten gar ziehen lassen. Die Suppe in Teller füllen und mit den restlichen Frühlingszwiebeln sowie der zerzupften Petersilie überstreuen. Den Reis erst jetzt direkt auf den Tellern in die Suppe geben. Dazu mundet Weißbrot – vielleicht über dem Feuer goldgelb geröstet.

Fischsuppe

800 g grätenfreies Filet z. B. vom Barsch, Zander oder Dorsch
1,5 kg Plötzen, Güstern oder Brassen für den Fond
400 g Suppentomaten
3 Schoten Gemüsepaprika (bunt)
4 Zwiebeln
100 g Gewürzgurken
200 g Lauchzwiebeln
1 Bund Suppengemüse
1 Bund krause Petersilie
1 Apfel
200 g Mais aus der Dose
6 El Tomatenmark
6 El Zitronensaft
4 Knoblauchzehen
1 El Fischgewürz
1 El gekörnte Gemüsebrühe
2 El Kapern
1 Tl Tabasco
4 El Balsamico-Essig
Salz
2 Beutel Langkornreis

Aus der kalten Küche

Besonders während unserer Reisen durch Skandinavien haben wir die Vorteile der kalten Fischküche schätzen gelernt. Es war oft sehr nützlich, die Flossenträger aus dem eigenen Fang auch ohne „Frosterkette" so zu konservieren, dass bereits unterwegs leckere Happen den Proviant ergänzten. So bekamen die geschätzten großen Fettheringe norwegischer Gewässer ebenso einen besonderen Pfiff wie deftige Makrelen oder zartes Lachsfleisch. Aber auch in der Heimat genießen wir diese Leckereien gern. Dabei lassen sich neben dem eigenen Fang auch frische Fische aus dem Handel wie Lachs- oder Meerforellen von der Küste sehr gut verwenden.

▸ **Graved Lachs**

Den ausgenommenen und gespülten Fisch filetieren, dabei die Haut nicht entfernen. Sichtbare Gräten und evtl. die weiße Bauchhaut entfernen. Filets beidseitig mit einigen Tropfen Öl bestreichen. Pfefferkörner im Mörser grob zerstoßen oder in der Mühle mahlen. Pfeffer, Salz und

Filets vom Lachs werden für das „graven" vorbereitet.

Zucker gut vermengen. Die Filets sollten gestreckt in einem geeigneten Gefäß aus Plastik, Edelstahl, Glas oder Keramik untergebracht werden. Etwas der Gewürzmischung und Dillspitzen auf dem Gefäßboden verteilen. Die Schnittseite der Filets mit Würzmischung und Dillspitzen bestreuen. Filets mit den Hautseiten nach unten in das Gefäß legen, die zweite Lage mit der Haut nach oben auflegen. Rest der Würzmischung sowie Dillspitzen auf den oberen Filets verteilen.

Bei Filets über 500 g ein Plastikbrett aus der Küche oder Untertassen auf den Fisch legen und z. B. mit einem abgekochten Naturstein belasten. Bei Filets unter 500 g verzichten wir auf die Beschwerung. Das Gefäß mit Folie verschlossen bei 1–6 °C kühl stellen. Nach ca. 36 Stunden die Filets so wenden, dass die oberen Hautseiten auf den Gefäßboden kommen. Schnitt- und Hautflächen dabei mit der entstandenen Lake benetzen. Nach weiteren 1½ Tagen ist die Würzung bis zur Kaltgarung durchgezogen und das Fleisch zergeht in dünne Scheiben geschnitten geradezu auf der Zunge.

Graved Lachs
1 kg Lachsfilet
je 1 geh. El halbgrobes Meersalz
oder Kochsalz und Zucker
1 El weiße Pfefferkörner
2 El Sonnenblumenöl
2 große Bund Dill

Graved Markele
1 kg Makrelenfilets
2 El Salz
1 El Zucker
je 1 Tl rosa und weißer Pfeffer, gemörsert oder gemahlen
10 El Sherry
3–4 El Sonnenblumenöl
1–2 Bund Dill

▶ **Graved Markele**

Große Makrelen mit hohem Fettgehalt sind besonders gut geeignet. Die Haut verbleibt an den Filets. Salz, Zucker und Pfeffer gut vermischen. An den Filets evtl. die Bauchgräten entfernen. Die Schnittseiten der Filets erst mit Sherry benetzen und diesen einreiben, dann beide Filetseiten mit Öl bestreichen. Anschließend mit Würzmischung und Dillspitzen bestreuen. Die Filets wie beim Graved Lachs einschichten, abdecken, kühl stellen und wenden. Nach ca. 3 Tagen sind die Filets aromatisch und mild durchgebeizt.

▶ **Graved Hering**

Große Fettheringe sind hier besonders gut geeignet, da diese zarter geraten als kleinere Exemplare mit geringerem Fettgehalt. Um evtl. vorhandene Nematoden abzutöten, die ausgenommenen Heringe vor der Zubereitung für mindestens 24 Stunden bei mindestens −18 °C Kerntemperatur einfrieren.

Die Silberlinge werden im Bauchbereich so mit der Schere vom Waidloch bis zum Kopf aufgeschnitten, dass die untere Bauchhaut mit entfernt wird. Die Fische dann ausnehmen, restliche schwarze Bauchhaut entfernen, gründlich unter kaltem Wasser säubern und die Köpfe mit Mittel- und Bauchgräten auslösen. Nun die Doppelfilets trennen und die Einzelfilets wie bei der Graved Makrele beschrieben weiterverarbeiten.

Den Graved Fisch in dünne Scheiben schneiden und evtl. mit Senfcreme sowie gebutterten Brötchen, Toast, Baguette oder mildem Bauernbrot reichen. Auch zu Eierspeisen oder Kartoffelpuffer mundet der Fisch vorzüglich. Wir haben die Filets nach dem Beizen mitunter auch in mundgerechte Stücke geschnitten und wieder in die Lake gegeben. Dies hatte unterwegs den Vorteil, dass man auch mal auf die Schnelle eine kleine Stärkung genießen konnte.

Senfcreme zu Graved Fisch

Variante 1
2 El milder Senf
3 Tl Zucker
1½ El Kräuteressig
2 Eigelb
8 El Öl
1 El fein gehackte Dillspitzen
Senf, Essig und Zucker verrühren. Eigelb einquirlen. Nun langsam das Öl einrühren und die Creme etwas aufschlagen. Dillspitzen untermengen.

Variante 2
2 El milder Senf
2 Tl Zucker
1 Tl Kräuteressig
2 El Sherry, 2 Eigelb
6 El Sonnenblumenöl
2 El Dillspitzen
Sherry, Essig, Senf, Zucker und Eigelb verrühren. Öl langsam einrühren und die Creme dabei etwas aufschlagen. Dillspitzen einrühren.

Zu Fischen, die nach der Graved-Methode zubereitet wurden, passt Senfcreme ganz vorzüglich.

▶ **Graved und geräuchert**

Die nach Graved-Art zubereiteten Filets munden auch kalt geräuchert ausgezeichnet. Hier ist es jedoch empfehlenswert, den Dill vor dem Räuchern weitgehend zu entfernen.

▶ **Salzhering nach Matjes-Art**

Für die Herstellung echter Matjes werden in der Regel vollfette Heringe aus Nordsee und Atlantik verarbeitet. Da diese Fische noch ohne deutliche Laichausbildung sind, ist das Fleisch besonders zart. Für je 1 kg gekehlte Heringe verwenden wir 80 g Kochsalz, 80 g Grobsalz und 80 g Zucker. Als Gefäß ist z.B. ein verschließbarer Eimer aus lebensmittelechtem Plastik verwendbar.

Hartsalzung von Dorschfilets.

Die Heringe wie auf Seite 19 beschrieben kehlen. Neben den evtl. vorhandenen Milch- oder Rogensträngen verbleiben hier auch die Magensackanhänge wegen der darin enthaltenen Enzyme zur Förderung der angestrebten Fermentierung im Fisch. Heringe nach dem Kehlen nur kurz spülen und abtropfen lassen.

Kochsalz und Zucker gründlich vermengen. Eine Schicht Grobsalz auf den Boden des Pökelgefäßes geben. Heringe gründlich in der Kochsalz-Zuckermischung wenden und mit den Bäuchen nach unten in wechselseitiger Anordnung dicht nebeneinander in das Gefäß schichten. Mit Grobsalz bestreuen und die nächsten Lagen auf die gleiche Weise einschichten. Auf die oberste Schicht Grobsalz geben.

Dann 16-prozentige Salzlake (160 g Salz auf einen Liter Wasser) so weit auffüllen, dass die Heringe bedeckt sind. Mit Teller und Stein (abgekocht) beschweren, dann das Gefäß verschließen, ordentlich schütteln und kühl stellen. Sollte im Laufe der Reife- oder Lagerzeit die Lake zu sehr absinken, kaltes Wasser nachfüllen, gut durchschütteln und das verschlossene Gefäß wieder kühl stellen.

Das Grobsalz hat besonders bei der Zubereitung von milderen Matjes- und Salzheringen eine besondere Bedeutung. Es löst sich im Vergleich zum feineren Kochsalz langsamer auf und dringt so weniger rasch in das Fleisch ein. Dies fördert das Aroma und hält das Fleisch recht zart. Je nach Salzgehalt und Lagertemperatur ist die Salzgare nach ca. 2–3 Wochen erreicht.

Auch ohne Kühlmöglichkeit konnten wir so unseren Fang auf Reisen haltbar machen.

Hartsalzung

Ist keine Gefriermöglichkeit vorhanden, können Fischfilets auch durch einfaches Einsalzen haltbar gemacht werden. Nach dem Wässern sind diese Filets z. B. zum Marinieren, Räuchern oder für die Zubereitung von Geleehappen gut geeignet. Pro Kilo Fisch werden zum Einschichten ca. 250–300 g Salz benötigt. Wenn sich die Pökellake gebildet hat, muss mit 20–24-prozentiger, kalt gelöster Salzlake (20–24 g Salz auf einen Liter Wasser) aufgefüllt werden. Je nach Stärke der Salzung und Dicke der Stücke kann das für die weitere Verwendung erforderliche Wässern 20–24 Stunden oder noch länger dauern. Das Wasser in dieser Zeit ein- bis zweimal wechseln.

Gekräuterte Herings- und Makrelenfilets

Wir haben in Norwegen zu den wie oben beschrieben eingelegten Heringen auch entschuppte Makrelenfilets mit eingeschichtet und waren mit dem Ergebnis sehr zufrieden, da die Enzyme aus den Heringen auch die Makrelenfilets aromatisiert haben. Zudem gaben wir auch Gewürze und Kräuter hinzu und erhielten so besonders herzhafte Happen. Hierzu wird die Gewürzmischung mit der Kochsalz-Zuckermischung vermengt und gleich zu Beginn des Pökelns mit eingebracht.

Für 1 kg vorbereiteten Fisch benötigt man 80 g Kochsalz, 80 g Grobsalz, 80 g Zucker und 15 g Gewürz-Kräutermischung ohne Salz- und Zuckeranteil. Wir beschränken uns auf die Geschmacksrichtung Kräuterhering und Anchovis. Diese Mischungen sind im Fachhandel erhältlich oder lassen sich selbst anmischen. Auch Mischungen für Sauerbraten, pro 15 g Fertigmischung mit 1 El Macisblüte ergänzt, sind einen Geschmackstest wert. Chili- oder Pfefferschoten, vorsichtig dosiert, lassen sich ebenfalls beimengen. Mit Sandelholzpulver aus der Apotheke (davon ca. 1 El je kg Fisch) oder Rote-Bete-Pulver ist die typische rotbräunliche Farbe erzielbar. Auch etwa 20 g frische Rote Bete je kg Fisch, klein geschnitten beim Einschichten zugegeben, sind für die Farbge-

bung geeignet. Gewürze und Sandelholz mengt man gemahlen vor dem Einschichten der Fische unter die Kochsalz-Zuckermischung. Zum Mahlen eignet sich eine kleine alte elektrische Kaffeemühle.

Die Reifezeit beträgt je nach Temperatur bis ca. 3 Wochen. Nach etwa 14 Tagen kann man zum ersten Mal vorsichtig testen. Werden milde Stücke bevorzugt, die ganzen Heringe z. B. über Nacht wässern, dann filetieren, entgräten und abziehen. Filets wenn überhaupt nur kurz wässern. Als kleine Happen zu Ei oder auf Brot können Fisch, Rogen und Milch auch ungewässert genossen werden. Für die Weiterverarbeitung zu speziellen Rollmöpsen oder marinierten Würzfilets ist wässern nicht nötig, da die salzfrei angesetzte Würzmarinade Salz aus dem Fischfleisch zieht. Auch kalt geräuchert sind diese Herings- oder Makrelenfilets sowie Rogen- und Milchstränge besondere Leckerbissen.

Mit nur wenigen Zutaten werden Heringe und Makrelen gekräutert, die dann zu leckeren Happen weiterverarbeitet werden.

Gewürzmischungen zum Ausprobieren

Gewürzmischung Anchovis
3 g Piment
5 g Pfeffer
2 g Koriander
3 g Ingwer = 1 geh. El
1 g Nelken = ½ Tl
2 g Macisblüte
2–3 g Zimt = je 1 El

Gewürzmischung Kräuterhering
3 g Piment
5 g Pfeffer
8 g Senfkörner = je 1 geh El
1 g Dill getrocknet = ½ El
4 Lorbeerblätter
1 g Nelken = ½ Tl
1 g getr. Bohnenkraut = ½ El
2 g Koriander = 1 El

▶ **Delikates aus gekräutertem Fisch**

4–5 Kräuterheringe ca. 10 Stunden wässern, filetieren, entgräten und enthäuten – oder 4 Makrelenfilets ca. 30 Minuten wässern, entgräten und enthäuten. Filets in ca. 4 cm lange Stücke teilen.

Apfelstifte gleich nach dem Schneiden mit Zitronensaft benetzen. Zwiebelringe und Apfelstifte mit dem Sherry beträufeln und eine Stunde ziehen lassen. Die zerdrückte Milch bzw. den zerdrückten Rogen mit Schmant, dem Sherry, den Apfelstiften, Eigelb, Zucker, Pfeffer und den gehackten Dillspitzen gründlich verrühren. Zwiebeln und Apfelstifte sowie die Herings- bzw. Makrelenstücke unterheben.

Weitere Geschmacksrichtungen erreichen Sie mit süßem Senf, Meerrettich oder Tomatenmark. Natürlich kann man auch Fisch und Gewürzcreme getrennt anrichten. Hierzu schmecken Pellkartoffeln, Rührei, Spiegelei, gekochte Eier, knuspriges Baguette oder herzhaftes Schwarzbrot.

Delikater Kräuterfisch
3 Zwiebeln in Ringe geschnitten
2 säuerliche Äpfel in Stifte geschnitten
50 g Milch oder Rogen (zerdrückt)
je 1 Prise Zucker und weißer Pfeffer
½ Bund Dill
3 cl Sherry
2 El Zitronensaft
200 g Schmant
1 Eigelb

▶ **Schwedenhappen**

Die ungewässerten Filets entgräten, enthäuten und in mundgerechte Stücke schneiden. Das Wasser mit Essig, Essig-Essenz, entkernter Pfefferschote, Zucker, Möhrenscheiben und dem Sandelholzpulver ca. 5 Minuten sachte aufkochen. Fischstücke und Zwiebelscheiben in eine Porzellan- oder Plastikschüssel schichten und mit dem Sherry übergießen. Die abgekühlte Marinade so auffüllen, dass alles gut bedeckt ist. Etwa 2 Tage im Kühlschrank ziehen lassen.

▶ **Kräutermops und Würzfilet**

Mit oder ohne Sherry und Sandelholz eignet sich diese Marinade auch sehr gut für die Verarbeitung der Kräuterheringe zu speziellen Rollmöpsen und Würzfilets.

Schwedenhappen
500 g gekräuterte Filets von Hering oder Makrele
3 Zwiebeln in Scheiben geschnitten
1 Pfefferschote
20 ml (knapp ½ Tasse) Essig-Essenz
40 ml Kräuteressig
1½ El Wacholderbeeren
3 Lorbeerblätter
3 El Zucker
8 El Sherry
1 Möhre in Scheiben geschnitten
1 El Sandelholzpulver oder 4–5 El Rote-Bete-Saft
¾ Liter Wasser

Hierzu die Doppelfilets entgräten, die Rollmöpse mit Streifen von Gewürzgurken und Zwiebeln füllen, vom Schwanzende her aufrollen und mit Holzspießen fixieren. Die Fische in ein geeignetes Gefäß einschichten und mit der kalten Marinade aufgießen. Die Reifezeit im Kühlschrank beträgt ca. 2–3 Tage.

Aus der kalten Fischküche: Bismarckhering, Rollmops, Hering in Gelee und Brathering – dazu Bratkartoffeln.

Bismarckhering
für ca. 10 mittelgroße Bismarckheringe
900 ml Wasser
100 ml Essig-Essenz
100 ml Kräuteressig
2 El Fischgewürz
3 Lorbeerblätter
6–8 kleine Peperonischoten
3 Zwiebeln in Scheiben geschnitten
2 Zwiebeln in Würfel gehackt
2–3 Möhren in Scheiben geschnitten
1 Bund Dill
5 El Zucker

Gekräuterte Fischfilets kann man zur Geschmacksveredlung zusätzlich kalt räuchern. Hier haben außerdem noch Rogen und Milch von gekräuterten Heringen den Weg in den Räucherschrank gefunden.

Bismarckhering und Rollmops

Entschuppte Heringe kalt spülen. Köpfe und Eingeweide entfernen und die Fische noch einmal kalt spülen. Mittelgräten, Bauchgräten, Flossen und die schwarze Bauchhaut entfernen. Zur Erhöhung der Haltbarkeit pro Liter kaltem Wasser 10 El Kochsalz auflösen und die Filets darin für etwa 10 Stunden im Kühlschrank abstellen.

Die entkernten Peperonischoten spülen. Wasser, Essig, Essig-Essenz, Fischgewürz, Lorbeerblätter, sowie Zwiebelwürfel, Möhren, Peperoni und Zucker zusammen aufkochen und abkühlen lassen. Filets der Pökellake entnehmen.

Selbst zubereitete Rollmöpse – zum Verschenken oder Selbstessen.

Die rohen Zwiebelscheiben mit den gekochten Möhrenscheiben, Peperoni aus dem Sud sowie Dill abwechselnd mit den Heringsfilets in eine Porzellan- oder Steingutschüssel schichten. Mit der erkalteten Marinade so aufgießen, dass die Filets gut bedeckt sind. Filets im abgedeckten Gefäß im Kühlschrank 2–3 Tage durchziehen lassen. Anschließend kann man auch Rollmöpse aus den Filets bereiten oder diese mit verschiedenen Würzcremes reichen.

Um Rollmöpse zu machen, die einzelnen Filets mit der Hautseite nach unten ablegen, Stifte von Zwiebeln, Paprika und Gewürzgurke aus dem Glas sowie Streifen von Zwiebeln auflegen, vom Schwanzende aufrollen und mit Holzspießen fixieren. In einer Schüssel so mit der kalten Marina-

Kaviar aus Forellenrogen

Nicht nur beim Angeln in Forellenseen fällt der appetitliche Rogen beim Ausnehmen der Fische an. Auch beim Fischhändler oder auf Reisen gibt es mitunter die Möglichkeit, Rogen auch aus größeren Exemplaren günstig zu erhalten. Probieren Sie diese Rezepte – sie sind mit geringem Aufwand machbar.

Zubereitung aus reifem Rogen
Rogenstränge nach dem Schlachten kalt spülen, enthäuten und die Eier sofort in sauberem Wasser unter Zusatz von 80 g Kochsalz pro Liter Wasser vorsichtig und sorgfältig spülen.
Dann die Eier abtropfen lassen. Anschließend für 1 kg Rogen 100–120 g Kochsalz in 2 Liter handwarmem Wasser auflösen. Je nach Geschmack kann die Salzkonzentration je Liter Wasser zwischen 40–55 g betragen. Eine Variante ergibt, wenn man 30–40 g Zucker auf 2 Liter Wasser dazu gibt. Die Eier in die Lösung geben und 2–3 mal vorsichtig von Hand umrühren. Nach 1,5–2 Stunden (je nach Eigröße) den Kaviar herausnehmen und gut abtropfen lassen.
Den Kaviar kann man je nach Reinheitsgrad und Salzkonzentration im Ei bei 2–3 °C etwa 2–3 Tage aufbewahren.

Zubereitung aus nicht ausgereiftem Rogen
Man kann auch ganze Rogenstränge zum Einsalzen verwenden. Die Rogenstränge sorgfältig spülen und von Anhaftungen befreien. Die Haut ggf. der Länge nach aufschneiden. Den Boden von sauberen Schraubgläsern dünn mit Grobsalz bestreuen. Rogenstränge vorsichtig und gleichmäßig im feinen und groben Salz wenden und bis unter den Rand in das Glas schichten. Die obere Rogenschicht mit Grobsalz bestreuen. Das verschlossene Glas kühl stellen. Vor dem Verzehr die Rogenstränge gut in kaltem Wasser spülen, abtropfen lassen und von der Haut befreien.

de auffüllen, dass die Rollmöpse gut bedeckt sind und noch einen weiteren Tag marinieren lassen.

Gut abgetropfte Rollmöpse im Kompaktgerät geräuchert und einfach zu einem Stück Brot genossen, bieten ebenfalls interessante Gaumenfreuden. Zudem können oder sollen die kleinen „Möpse" ja auch dabei helfen, das Wohlbefinden nach einer ausgedehnten Feier im Angelcamp wieder aufzubauen.

…und nun wünschen wir gutes Gelingen und stets einen leckeren Happen zur Hand.

Zum Weiterlesen

Angelpraxis

Anneken, Jacob, Spedimen hunting group
Angeltechniken
Angelerfolg ist machbar – auch wenn es Anfängern manchmal nicht so scheinen will. Wer jedoch weiß, wie sich Fische verhalten, und wer die richtigen Angeltechniken beherrscht, fängt oft schnell seinen Fisch.

Arlinghaus, Robert
Der unterschätzte Angler
Wussten Sie, dass allein mit dem Hobby Angeln in Deutschland jährlich 5,2 Milliarden Euro umgesetzt werden? Wussten Sie, dass Angler in Deutschland mehr Fische fangen als Berufsfischer? Ein Buch, das Freunde und Gegner des Angelns gleichermaßen aufklärt. Der gesellschaftliche Nutzen der Angelfischerei sowie mögliche ökologische Auswirkungen des Angelns auf Fisch und Gewässer werden leicht verständlich aufgezeigt.

Beyer, Uli
Das Uli Beyer Raubfischbuch
Sie wollen einen richtig wehrhaften Raubfisch am Haken? Dann sind Sie bei Uli Beyer richtig. Ob Hecht, Zander oder Waller, in seinem Buch erfahren Sie alles über unsere heimischen Raubfische: Wo findet man den Hecht? Welche Köder sind für Zander die besten? Wie lande ich einen Waller? Jetzt kann nichts mehr schief gehen – also ab ans Wasser!

Boden, Ben
Angeln – Der Einstieg
Angeln ist im Aufwind und das ist kein Wunder: Die Jagd auf Hecht, Zander, Karpfen und Co. bietet Spannung und Entspannung zugleich, faszinierendes Naturerlebnis und einfach jede Menge Spaß. Und – Angeln ist kein Hexenwerk, sondern das ideale Hobby für jedermann. Wie überraschend einfach der Weg in die Welt der Petrijünger und zum erfolgreichen Angler ist, zeigt ein Experte in diesem Ratgeber.

Bronk, Karsten
Deutschlands beste Angelgewässer
Die Angler sind ein reiselustiges Volk. Doch oft stellt sich die Frage: „Wo angeln"? Dieses Buch gibt Antworten und einen Überblick über mehr als 100 Angelgewässer in Deutschland. Der Autor ist Vollprofi und hat sich selbst das Ziel gesetzt nur die absolut besten Gewässer unseres Landes vorzustellen. Außerdem gibt es noch Tipps für Österreich und die Schweiz.

Finkbeiner, Thomas
Angeln an Nord- und Ostsee
Meeresangeln an unseren heimischen Küsten zieht immer mehr Petrijünger in seinen Bann. Der begeisterte Meeresangler Thomas Finkbeiner zeigt, wo es lang geht beim Pilken und Brandungsangeln im Belly-Boat oder auf dem Kutter.

Gretler, Thomas
Clever und erfolgreich angeln
Wo und wie leben Fische? Was fressen sie? Wann sind sie aktiv? Die Antworten auf diese Fragen sind der beste Weg zum Fangerfolg. Thomas Gretler gibt darüber hinaus Tipps zur praktischen Umsetzung am Wasser.

Gretler, Thomas
Das Angelbuch für Kids
Alles was Kinder über das Angeln wissen müssen! Verhalten der Fische, Zubehör, Angeltechniken – hier steht alles drin. Ein tolles Geschenk für den Angelnachwuchs.

Janitzki, Andreas
1 mal 1 des Angelns
Ab ans Wasser! Mit der passenden Ausrüstung, der richtigen Technik und etwas Übung zappelt bald der erste Fisch am Haken. Andreas Janitzki macht den Einsteiger mit Fischen und Gewässern vertraut.

Langford, Robert
Erfolgreich angeln in Norwegen
Kein Land der Welt lockt jährlich mehr Angler an als Norwegen. Den Urlaub mit Fangerfolgen zu krönen, setzt jedoch eine perfekte Vorbereitung voraus. Dieses Buch bereitet Sie in jeder Hinsicht ausreichend und umfassend auf das Abenteuer Norwegen vor, damit auch Sie mit Ihrem Traumfisch nach Hause kommen.

Löw, Thorsten
Beißt nicht gibt's nicht
Kapitale Karpfen, gewaltige Waller, glasäugige Zander, pfeilschnelle Hechte – alles kein Hexenwerk. Jeder Angler, ob Einsteiger oder Profi, kann mit dem richtigen Know-how sehr erfolgreich große Fische fangen. Dieses Buch verrät Ihnen, wo Karpfen ihr Futter suchen, wann Schleien am besten beißen und wo der Hecht auf Beute lauert; damit auch für Sie bald gilt: „Beißt nicht gibt's nicht!"

Rehbronn, Edmund
Das Räuchern von Fischen
Geräucherter Fisch ist eine absolute Delikatesse, das finden nicht nur Angler! Ob selbst gefangen oder frisch gekauft – jeder Fisch wird durch Räuchern zum Festschmaus.
Alles was Sie über Techniken, Geräte und Zubehör wissen müssen, von der Räuchertonne „Marke Eigenbau" bis zum Profi-Räucherschrank, erfahren Sie in diesem Klassiker.

Rehbronn, Edmund
Handbuch für den Angelfischer
„Der Rehbronn" – seit Jahren das unentbehrliche Standardwerk – vollständig überarbeitet und neu bebildert.

Specimen hunting group Dortmund
Das Kosmos Buch Friedfische
Wer das moderne Friedfischangeln beherrscht, wird am Wasser nur selten leer ausgehen. Ob Karpfen, Schleie oder Rotauge – dieses Buch verkürzt den Weg zum Fangerfolg. Es ist der unverzichtbare Ratgeber für alle Situationen am Wasser und ein wegweisender Kompass im Gerätedschungel, kurz gesagt ein Partner, dessen Tipps man beim Angeln nicht mehr missen möchte.

Dieses Buch führt Sie Schritt für Schritt durch die einzelnen Prüfungsthemen. Die Aktualität und die moderne Aufmachung dieses Buches lassen die Prüfungsvorbereitung zum reinsten Vergnügen werden.

Fliegenfischen

Berens, Werner
Besser Fliegenfischen
Wer das Fliegenfischen erlernt hat, möchte schon bald seine Fähigkeiten verbessern. Werner Berens zeigt, wie Sie Gewässer besser einschätzen können, Ihre Wurftechnik verbessern und immer die richtige Fliege am Vorfach haben.

Steinford, Hans
Fliegenfischen für Anfänger
Fliegenfischen – Faszination und Abenteuer zugleich. Speziell für den Einsteiger geschrieben und anschaulich illustriert, führt der praktische Ratgeber Schritt für Schritt in die Welt des Fliegenfischens.

Wehrle, Martin
Angeln ganz entspannt,
Angeln ist kein Hexenwerk und selbst der Einsteiger kann bereits sehr erfolgreich sein. Auch mit einfachen Mitteln und Methoden lässt der Erfolg nicht lange auf sich warten. Der Autor führt den Leser sicher und kompetent von der Geräte- und Gewässerwahl über die Köderpalette zu den Angeltechniken – selbst dem richtigen Angelwetter ist ein Kapitel gewidmet. Mit dieser Lektüre wird man ganz entspannt zum erfolgreichen Angler!

Witt, Lothar
Die Fischerprüfung
Sie wollen angeln? Herzlichen Glückwunsch, Sie haben sich für eines der schönsten Hobbys entschieden. Allerdings gilt es noch eine Hürde zu beseitigen, denn vor das Recht zu angeln hat der Gesetzgeber die Pflicht der Fischerprüfung gesetzt.

Vestergaard, Nils
Mit der Fliege fischen
Nils Vestergaard zeigt den sicheren Weg zum erfolgreichen Fischen mit der künstlichen Fliege.

Vestergaard, Nils
Fliegenbinden leicht gemacht
In brillanten Makro-Aufnahmen führt Sie Nils Vestergaard Schritt für Schritt auf den Weg zur ersten selbst gebundenen Fliege.

Unterhaltung

Bailey, John
Angebissen – ein angelnder Weltenbummler erzählt
Angeln ist eine Leidenschaft! Von Kindesbeinen an kann John Bailey der Faszination des Wassers und seiner Bewohner nicht widerstehen. Seine Angelreisen führen ihn von den heimischen Gewässern in die ganze Welt.

Berens, Werner
Von Fischern und Fischen
Seen im nebligen Sonnenaufgang, spektakuläre Drillszenen – wunderschöne Bilder entstehen vor dem geistigen Auge des Lesers. Belauschen Sie mit dem Autor den eingefleischten Fliegenfischer und den Extrem-Karpfenangler, die sich die Vorzüge ihrer Angelart um die Ohren schlagen.

Eilts, Joachim
Vom Glück verfolgt…
„Akki", wie er von Freunden genannt wird, nimmt Sie im wahrsten Sinne des Wortes mit ans Wasser, erzählt von turbulenten Drills, von besonderen Fängen, von unverhofften Begegnungen mit wilden Tieren und berichtet von Originalen, die an Schlitzohrigkeit nichts zu wünschen übrig lassen. Ein herzerfrischendes, köstliches Werk.
Kurzweilig mit spürbarer Begeisterung geschrieben, gespickt mit treffsicheren Pointen, tiefgründigem ostfriesischem Humor sowie einer gehörigen Portion Selbstironie. Es ist, als wäre man leibhaftig dabei! Während des Lesens hat man das Gefühl, als würde vor dem inneren Auge ein Film ablaufen. Die Akteure sind derart mit „echtem Leben" gefüllt, dass man sie gestochen scharf vor sich sieht. Ein Werk, das nicht nur Petrijünger vom Hocker reißt.

Läufer, Florian
Faszination Angeln – Jagd auf Süßwassergiganten
Angeln – Hobby ohne Grenzen. Auf der ganzen Welt wartet das Abenteuer auf den Petrijünger, an vielen exotischen Plätzen locken wahrhaft kapitale Fänge. Begleiten Sie den Autor nach Ägypten auf die Jagd nach riesigen Nilbarschen, reisen Sie mit nach Texas, um urzeitlich anmutende Alligator-Hechte zu überlisten, lassen Sie sich faszinieren von gewaltigen Welsen und farbenprächtigen Arapaimas. Spannende Erzählungen und wahrhaft brillante Bilder lassen dieses Buch zu einem Muss für jeden Angler und Neugierigen werden.

Adressen

Deutschland
Deutscher Anglerverband e.V. (DAV)
Hausburgstr. 13
10249 Berlin
Tel. 030-42 72 975
oder   -42 60 113
Fax 030-42 69 135

Verband Deutscher Sportfischer e.V. (VDSF)
Siemensstr. 11 – 13
63071 Offenbach a.M.
Tel. 069-85 50 06
Fax 069-87 37 70

Bundesforschungsanstalt Für Fischerei
Palmaile 9
22767 Hamburg
Tel. 040-389050
Fax 040-38905129

Deutscher Karpfen Angelclub e.V.
Adventure Fishing
Reismühle 5
22087 Hamburg

Österreich
Verband österr. Arbeiter Fischerei Vereine
Lenaugasse 14
1080 Wien
Tel. 01-40 32 176
oder   40 39 754
Fax 01-40 32 120

Österr. Sport und Fischereiverband
Laudongasse 16
1082 Wien
Tel. 01-40 84 629

Schweiz
Schweizerischer Fischereiverband
Sekretariat
Vordergasse 30
8200 Schaffhausen
Telefon 052 624 5044,
Fax 052 624 51 43

Angelzeitschriften

Angelwoche
Troplowitzstraße 5
22529 Hamburg

Blinker
Troplowitzstraße 5
22529 Hamburg

Fisch & Fang
Erich-Kästner Str. 2
56379 Singhofen

Der Raubfisch
Erich-Kästner Str. 2
56379 Singhofen

Angeln im Internet

www.angelmax.de
www.angeln.de
www.angelplatz.de
www.angeltreff.org
www.anglerzentrale.de
www.angler-online.de
www.angelwoche.de
www.anglerverband.com
www.angelsuchmaschine.de
www.angelwelt.de
www.blinker.de
www.boilie.de
www.carp.de
www.carpermania.de
www.carpmirror.de
www.cipro.de
www.der-angler.de
www.fischerpruefung.de
www.fischerweb.ch
www.fischundfang.de
www.fishingtime.de
www.raubfisch.de
www.sfv-fsp.ch
www.vdsf.de
www.sonntagsangler.de

Firmen

AGK Kronawiter GmbH
Industriegelände 1
95422 Wallersdorf

Balzer GmbH
Im Tiegel 8
36367 Wartenberg
www.balzer.de

Beelonia
Warendorfer Str. 1
48361 Beelen
www.beelonia.de

Blaschke Fischereibedarf
An den Gärten 2
92665 Altenstadt

Feldmann, Bernhard
Willscheidweg 4
54413 Finnentrop
www.raeucheroefen.de

Fessmann GmbH & Co. KG
Herzog-Philipp-Str. 39
71364 Winnenden
www.fessmann.de

FIAP Fischtechnik GmbH
Jakob-Oswald-Str. 16
92289 Ursensollen
www.fiap.de

Grassl GmbH
Waldhauser Str. 8
83471 Schönau am Königsee
www.hans-grassl.de

HOSTO Stolz GmbH & Co.
Am Seelbach
57290 Neunkirchen
www.hosto.de

Jost Räucherschränke
Hauptstr. 13
89365 Röfingen-Roßhaupten
www.jost-raeucherschraenke.de

Maurer & Söhne GmbH & Co.
78479 Insel Reichenau

Ness & Co. GmbH
Postfach 1304
Remsstr. 24
73626 Remshalden-Hebsack
www.ness.de

OSSA Räuchergeräte
Linnwiese IA
57299 Burbach
www.heliasmoker.de

Peetz oHG
Bergmecke 17
59872 Meschede
www.peetz-ohg.de

Schich Anlagenbau GmbH
Im Felde 17
27574 Bremerhaven
www.schich.de

Schorr e.K.
Einsteinstr. 19
59558 Lippstadt

Venatus (Dutch-Oven)
Köterei 15
38108 Braunschweig
www.venatus.de

Register

Aale spalten 18
Abkühlen 45
Abtrocknen 121
Aluflexrohr 69
Alufolie 70, 118
Angelschirm 64
Anzünden 115
Aroma 24
Aromatisierung des
   Rauches 41
Asche 140
Ausnehmen 15

Badeofen 69, 93
Bastlers Räucher-
   schrank 102
Beerensäfte 138
Befeuerung 95, 97
Befeuerungsart 98
Beizen 54
Beutel-Barsch 136
Bier 127
Bierdeckel 53
Birkenrinde 116
Bismarckhering 160
Biwak-Kaffee 138
Biwak-Küche 143
Bohnenstangenofen
   65
Braten 133
Brennnesselspinat 137
Brühe 139

Brutzelküche 145
Bunte Fischpfanne 150

Dicke Rippe 28
Doppelhaken 34
Doppelter Rückenha-
   ken 34
Drehhaken 35
Dünsten 134
Durchstechpunkte 31
Dutch-Oven 146

Edelstahl 31
Eier pökeln 28
-, gekochte 137
Eierpappe 53

Eimer 69
Einbringen des
   Räucherguts 39
Einfrieren 13
Einölen 121
Einräuchern 10
Einrichtungen zum
   Kalträuchern 62
Einsalzen 60
Eintesten 10
Einwirkzeit 22, 55
Elektrobefeuerung
   98
Enthäuten 17
Entsafter 88
Entschuppen 20

Fadenwürmer 12
Färben 42
Färbephase 45
Feuer 116
Feuergabel 132
Feuerkammer 69
Feuerkessel 142
Feuerküche 110, 128
Feuerraumklappe 73, 74
Feuerstelle 114
Feuerstock 139
Filetieren 16
Filets, gekräutert 157
Firmen 167
Fisch ausnehmen 15
- filetieren 16
- grillen 120
- vorbereiten 12
Fischfrikadellen 84, 151
Fischhälften schneiden 16
Fischpfanne 150

Fisch-Schnitten 18
Fischsuppe 152
Flammensperre 72, 104, 111
Fleisch pökeln 28
- räuchern 59
- grillen 126
Folie 141
Folienmantel 72
Folienofen 70
Folienpack 123
Forellenrogen 161
Frischetest 12

Garen 42
Garprobe 45
Garverlauf 91
Garzeit 44
Gasbefeuerung 98
Gaskartusche 146
Geflügel pökeln 28
Gefüllte Zanderfilets 149
Gekräuterte Filets 157

Genussprobe 58
Gewindestangen 103
Gewürze 24
Gewürzgurkensud 122
Gewürzmischung 158
Gewürz-Räuchermehl 41
Gitter 35, 118
Gitterpfanne 118
Glimmstarter 50
Glut 116, 141
Graved Hering 154
Graved Lachs 153
Graved Makrele 154
Grill 90
Grillen 114
- mit der Biwak Küche 143
- mit der Multigabel 135
- in der Räucher-Grill-Küche 113
Grog 139
Grundausstattung

Lagerfeuer 117
Hähnchen pökeln 28
Haken 34
Handkorb 120
Hartsalzung 156
Heißräuchern 7, 74
- Grundmethode 42
- in der Räucher-Grill-Küche 112
Heringe kehlen 19
Holz 36
-, morsches 40
Holzarten, geeignete 37
-, ungeeignete 39
Holzkohle 38
Holzvorrat 36

Improvisation 9, 62
Isolierung 111

Jute 44

Kaffee 138

REGISTER

Kalte Küche 152
Kaltgarung 7, 47
Kaltrauch 47
Krälträuchern 7
- mit der Biwak-Küche 145
- im Folienofen 79
- Grundmethode 47
- in der Räucher-Grill-Küche 112
Karbonaden 18
Kartoffelsalzung 23
Kauf 98
Kaviar 161
Kessel 68
Klappfisch 18
Klapphahn 132
Kleinholz 53
Kleinkocher 146
Knüppelbeutel 135
Kombiofen 100
Kompaktgerät 8, 70, 84
Kondensat 44, 103

Körbe 35
Kratzpinsel 15
Kräutermops 143
Kühlrohr 66
Kuppelgrill 87, 90

Lagerfeuer 116
Lagerung 107
Lagerung von Holz 37
Lake 22, 61, 74
Laubholz 37
Leber 28
Leiterofen 63
Löschen 115
Lüftungsschacht 93

Malerplane 62
Marinade 127
Makrelen flecken 18
Matjes-Hering 155
Messbecher 22
Milch 27
Minimum-Maximum-Thermometer 48

Mittelsteg 51
Multigabel 133
Multitalent 112

Nadelholz 39
Nasssalzung 22, 74
Nematoden 12

Pappe 44, 103
Pfannenheber 123
Pflegen 107
Pilze mit Speck 137
Pizza mit Räucherfisch 148
Plane 62
Pökeldauer 60
Pökelgefäß 23, 54
Pökeln 22, 59
Pökelsalz 60
Pökelzeit 22, 55

Räubradügriga 133
Raucharoma 41
Räucherecke 101

Räucher-Grill-Küche 108
Räuchergut einbringen 56
Räuchermittel für das Kalträuchern 49
Räuchern mit der Multigabel 133
- mit der Reiseküche 119
Räucherschrank 8, 98, 102
Räucherzeit 61
Raucherzeuger 66
Rauchkammerklappe 73, 74
Rauchphase 45
Reiseküche 118
Rezepte 147
Rogen 27, 161
Rohr 68
Rollmops 160
Rückenhaken, doppelter 34

Beelonia
Räuchergeräte & Anlagen

Vergleichen Sie uns

- Die preiswerten Kleinen
- Die doppelwandigen Mittleren
- Die großen Profi- und Gewerbeschränke
- Für jeden die richtige Größe und Ausführung
- Zum Räuchern von Fisch, Fleisch, Wild, Wurst und Käse
- Beheizung: Holz, Gas, Elektro
- Neu: Räucherwelt – alles rund ums Räuchern
- Haken, Gewürze, Sägemehl und auch Zubehör für den Eigenbau

Fordern Sie unseren 8-seitigen Gratiskatalog mit vielen Tipps und Informationen an.
Beelonia GmbH - Erfahrung zählt seit 1880 -
Warendorfer Str. 1 • 48361 Beelen • Tel. 02586-275 • Fax 02586-1695 • www.beelonia.de

Salz 22, 54
Salzen 22
Salzhering 155
Salzkartoffeln 136
Säubern 107
Schatten 11
Schirmofen 64
Schlachten 14
Schlachtformen 21
Schleim entfernen 20
Schlinge 56
Schnittformen 21
Schnur 33
Schwedenhappen 159
Schweinebauch 28
Senfcreme 155
Sicherheit 113, 114
Smokyletten 84
Spanbehälter 68
Späne 39
Speck 59

Spieß 30, 56, 120, 124
Spießrute 33
Spiritus 53, 87
Spreizdraht 57
Spreizstock 46
Stabilität 30
Stangen 65
Steckerlfisch 124
Stehleiter 62
Stockpfanne 130
Strahlungshitze 123

Tee 139
Teilisolierung 111
Teleofen 69
Teleskopofen 92
Temperatur 48
Temperaturkontrolle 43
Temperaturverlauf 10
Testlauf 10

Thermometer 43, 48, 70
Tomaten 137
Tonne 94, 110
Tonnenofen de luxe 96
Trockensalzung 22
Trocknen 30
Tropfblech 104

U-förmige Verglimmung 51

Vorbereitung der Fische 12
- des Räucherguts 54

Wachholder 38
Wenden 123
Wetterschutz 105
Windschutz 43

Wirbelhaken 35
Wurst räuchern 59
- grillen 126
Würzdipp 127
Würzen 54, 121
Würzfilet 159
Würzideen 122
Würzmarinade 122
Würzmischung 26

Zanderfilets, gefüllt 149
Zerteilen 14
Zucker 54
Zugwirkung 50

Der **elektrische Druckkammer Grill- und Räucherofen** für die Gastronomie, Fisch- und Feinkost, Hobby und Haushalt.

Fisch ♦ Fleisch ♦ Wild ♦ Geflügel

- Garen und Räuchern in einem Arbeitsgang
- Heiß- und Kalträuchern
- Räucherspezialitäten im vollen Saft
- Heiß und servierfertig, à la carte
- Räuchern im Raum: in der Küche, im Laden, vor den Gästen ...

Gehäuse komplett aus Edelstahl, rostfrei. Ober- u. Unterhitze mit thermostatischer Regelung. Zeitschaltuhr mit automatischem Ablauf. Doppelmantelbauweise, voll isoliert – energiesparend.

Aal   30-60 Min.   Kasseler   20-30 Min.
Forelle   15-20 Min.   Hähnchen   25-30 Min.
Scholle   12-15 Min.   Pute, Ente 30-40 Min.

Räuchermehl, spezielle Gewürze, Zubehör

OSSA Räuchergeräte ♦ Inh. Torsten Georg e.K. ♦ Linnwiese 1 A ♦ D-57299 Burbach
Tel.: 02736 / 6130 od. 6660 ♦ Fax: 02736 / 6655 ♦ Handy: 0175 / 2477838
e-mail: office@heliasmoker.de ♦ Internet: www.heliasmoker.de

Rechtliche Aspekte

Angeln darf in Deutschland nur, wer einen Fischereischein besitzt. Das Recht, in einem bestimmten Gewässer zu angeln, erwerben Sie sodann mit dem Kauf eines Berechtigungsscheines (Angelkarte) für das jeweilige Gewässer. Sie erhalten den Schein beim Inhaber des Fischereirechts bzw. beim Pächter des Gewässers.

Die rechtlichen Regelungen zum Feuermachen sind leider weniger übersichtlich. Überall dort, wo Grillstellen ausgewiesen sind, dürfen Sie natürlich auch Feuer machen. Ebenso auf privaten Grundstücken, sofern der Besitzer es erlaubt. Dabei müssen Sie aber darauf achten, dass andere Menschen nicht durch den Rauch des Feuers gestört werden.

Im Wald, auf landwirtschaftlich genutzten Flächen und in Naturschutzgebieten ist Feuer im Prinzip verboten. Daneben gibt es eine Reihe von Sonderregelungen, die aber leider nicht einheitlich sind. Um auf Nummer sicher zu gehen und das gemütliche Grillen und Brutzeln nicht ganz plötzlich abbrechen zu müssen, sollten Sie sich im Zweifel vorher informieren. Auskunft erhalten Sie bei den Gemeindeverwaltungen, Forstämtern und den unteren Naturschutzbehörden der Stadt- und Landkreise.

Das Sammeln von Holz im Wald ist laut Gesetz verboten. Solange man sich aber auf herabgefallenes kleineres Abfallholz beschränkt, ist es meist kein Problem, für das eigene kleine Lagerfeuer etwas Holz aufzusammeln. Bereits aufgeschichtetes Brennholz ist natürlich tabu. Wenn Sie einen größeren Holzbedarf decken wollen, wenden Sie sich an den Förster.

Alle Angaben in diesem Buch erfolgen nach bestem Wissen und Gewissen. Sorgfalt bei der Umsetzung ist indes dennoch geboten. Der Verlag und der Autor übernehmen keinerlei Haftung für Personen-, Sach- oder Vermögensschäden, die aus der Anwendung der vorgestellten Materialien und Methoden entstehen könnten.

Bildnachweis

Alle Fotos in diesem Buch stammen von Petra und Jürgen Lorenz.

Zeichnungen von Jürgen Lorenz.

Impressum

Umschlaggestaltung von eStudio Calamar unter Verwendung von vier Farbaufnahmen von Petra und Jürgen Lorenz.

Mit 221 Fotos und 8 Zeichnungen

Unser gesamtes lieferbares Programm und viele weitere Informationen zu unseren Büchern, Spielen, Experimentierkästen, DVDs, Autoren und Aktivitäten finden Sie unter **www.kosmos.de**

Gedruckt auf chlorfrei gebleichtem Papier

© 2008, Franckh-Kosmos Verlags-GmbH & Co. KG, Stuttgart
Alle Rechte vorbehalten
ISBN 978-3-440-11430-8
Redaktion: Claudia Salata, Ben Boden
Konzept: Petra und Jürgen Lorenz
Produktion: Markus Schärtlein
Printed in Czech Republic / Imprimé en République tchèque

DIE ALLESKÖNNER VON FELDMANN

Räucherofen
Maße H 65 x B 35 x T 25,5 cm

Grillräucherofen
Maße H 80 x B 35,5 x T 25,5 cm

Raucherofen

Mit dem Alleskönner-Räucherofen von Feldmann können Sie heiß und kalt räuchern. Das Räuchern von Fisch (inkl. Lachs), Fleisch, Wurst, Schinken, Geflügel, Käse und Eiern ist mit dem Räucherofen von Feldmann kein Problem. Räucherofen in Edelstahl, aluminiertem oder verzinktem Stahlblech mit 10 Edelstahlhaken. Buchenräuchermehl und Feldmanns Räuchergewürzmischung. Rauchfertig.

Zubehör
Räuchermehl, Räucherkohlen, Räuchergewürze, Thermometer, Thermostate, Heizschlange etc., Räuchervideo, Haken, Räucherbücher

Wir beraten Sie gerne in allen Räucherfragen!

Prospekte & Versand

Kaltrauch

Heißrauch

Bernhard Feldmann
– Räucheröfen –
Willscheidweg 4 · 57413 Finnentrop-Fretter
Telefon (02724) 277 · Telefax (02724) 8766
www.raeucheroefen.de